《跟我学汉语》

同步测试

第二册

人民教育出版社
·北京·

主　　编　　杨丽姣

本册主编　　吴方敏

编　　者　　张　燕　狄玉洁　李　娟　刘家男　沈　萍　苏　杭

责任编辑　　张　君

英文审稿　　David George Scambler

封面设计　　王俊宏

图书在版编目（CIP）数据

跟我学汉语同步测试. 第二册/杨丽姣主编. —北京：人民教育出版社，2018.11
ISBN 978-7-107-32403-1

Ⅰ. ①跟…　Ⅱ. ①杨…　Ⅲ. ①汉语—对外汉语教学—习题集　Ⅳ. ①H195.6

中国版本图书馆 CIP 数据核字（2018）第 255919 号

《跟我学汉语》 同步测试　第二册

出版发行　人民教育出版社
　　　　　（北京市海淀区中关村南大街17号院1号楼　邮编：100081）
网　　址　http://www.pep.com.cn
经　　销　全国新华书店
印　　刷　唐山市润丰印务有限公司
版　　次　2018年11月第1版
印　　次　2019年4月第1次印刷
开　　本　890毫米×1 240毫米　1/16
印　　张　8.25
字　　数　162千字
定　　价　66.00元

版权所有・未经许可不得采用任何方式擅自复制或使用本产品任何部分・违者必究
如发现内容质量问题、印装质量问题，请与本社联系。电话：400-810-5788

前 言

《〈跟我学汉语〉同步测试》是《跟我学汉语》第二版1—4册学生用书配套的同步测试题集，一共四册，每册均包括"单元测试"与"HSK模拟测试"两类试题。"单元测试"以形成性评价为导向，侧重考查学习者阶段性语言文化知识获得与语言能力发展；"HSK模拟测试"以语言交际能力评价为导向，侧重考查学习者综合语言应用能力。两类测试题型相互呼应而又各有侧重，难度逐步提升，话题逐渐丰富，有助于实现"以考促教"。

一、"单元测试"的主要特点

1. 针对各单元学习目标，考查学习者对拼音、汉字、词汇、句型、语言功能等的掌握情况。题干覆盖各个语言层级，从词语、单句到复句、语篇，难度逐步提升。

2. 将语言知识测试与语言交际能力测试结合，综合考查学习者的语言交际能力、语法知识及语用策略等。如"句子接龙"题，要求学习者根据提示完成上句或下句，以考查他们在具体语境中的句子理解与表达能力，是对学习者话语逻辑、话语表达习惯等综合语言能力和思维能力的测试。

3. 运用图片再现真实情景，形成语言表达的适当框架，增加测试内容的生动性与亲和力。题干体现多样化的话语交际互动模式及语言信息传递模式。

4. 四册评测重点各有不同，难度梯度适中。此外，部分试题中含有适量生词，对学习者的语言能力与认知能力具有一定的挑战性。

二、"HSK模拟测试"的主要特点

1. 每册包括两套汉语水平考试（HSK）模拟题，第一册从HSK二级水平起步，第四册达到HSK五级水平。

2. "HSK模拟测试"参考孔子学院总部/国家汉办2015年编制的《HSK考试大纲》命制，采用HSK真题题型，尽量复现教材的话题、任务、词汇及语言点。

3. "HSK模拟测试"的难度略高于教材学习完成后应达到的水平。

综合来看，"单元测试"主要用于评测教材教学效果，巩固学生对语言文化知识和语言交际能力的掌握，学习者完成"单元测试"以后，可挑战两套"HSK模拟测试"。

总之，本系列既可作为汉语学习者日常的辅助资源，也可作为HSK考前培训资源使用，学习者可体验丰富的题型，完成足够的题量，有效提升HSK应试能力。

由于水平和时间有限，书中疏漏和不足之处在所难免，敬请读者提出宝贵意见。感谢您对本书的选用！

编者

2018年7月

试题解析

《〈跟我学汉语〉同步测试》是与《跟我学汉语》教材配套使用的测试题，一方面帮助教师检测学生的学习效果，另一方面帮助学生巩固、拓展汉语知识，提高汉语水平，熟悉汉语水平考试（HSK）。

《〈跟我学汉语〉同步测试》（第二册）共包含8套试题，前6套为单元测试题，后两套为HSK模拟测试题。考点覆盖了《跟我学汉语》（第二册）所学的语音、汉字、词语、语言点、交际功能等。

一、单元测试

第二册的6套单元测试题在题型设计上，紧扣各单元学习的重点与难点，同时兼顾该阶段学习者的汉语水平，在HSK题型的基础上略有调整。此外，前三单元与后三单元的单元测试题在题型、题量、难易度上有所区别。具体题型及分值安排如下表所示。

1—3单元题型、题量及分值

	题型	题量	分值	考查知识与技能	备注
听力	选择题与判断题		40分		
第一部分	听录音，选出正确答案	10	20分	生词	看图片
第二部分	听录音，判断对错	5	10分	生词、语言点	
第三部分	听录音，选出正确答案	5	10分	生词、语言点、交际功能	
阅读	选择题与判断题		40分		
第一部分	看图片，判断对错	5	10分	生词	看图片，词语识读
第二部分	选出正确答案	5	10分	汉字识字能力与运用	
第三部分	句子接龙	5	10分	句意与汉语思维	

续表

	题型	题量	分值	考查知识与技能	备注
第四部分	读句子，判断对错	5	10分	整句理解	
汉字与书写	**书写**		**20分**		
第一部分	根据偏旁写出汉字，并组成词语	5	10分	汉字结构与书写	
第二部分	根据提示写出汉字	5	10分	汉字结构与书写	

4—6单元题型、题量及分值

	题型	题量	分值	考查知识与技能	备注
听力	**选择题与判断题**		**40分**		
第一部分	听录音，选出正确答案	10	20分	生词	词语
第二部分	听录音，选出正确答案	5	10分	生词、语言点 理解对话内容	听对话
第三部分	听录音，选出正确答案	5	10分	生词、语言点 交际功能 理解对话内容	听对话
阅读	**选择题与判断题**		**40分**		
第一部分	选出正确答案	5	10分	生词	词语识读
第二部分	选出正确答案	5	10分	汉字识字能力与运用	
第三部分	句子接龙	5	10分	句意与汉语思维	
第四部分	读句子，判断对错	5	10分	整句理解	
汉字与书写	**书写**		**20分**		
第一部分	根据偏旁写出汉字，并组成词语	5	10分	汉字结构与书写	
第二部分	根据提示写出汉字	5	10分	汉字结构与书写	

1. 听力

听力题主要考查学习者的听力理解能力。每个单元有20道听力题，由三部分构成，分别由词语到句子，再到对话。前三单元和后三单元在题型上略有不同。

1—3单元的听力分为三部分。第一部分是听录音，选出正确答案，借助图片的形式考查学习者对本单元重点词语的掌握情况，本题的10个词语均为各课生词表的内容。第二部分是听录音，判断对错，考查学习者对句子的理解。前三题为一个话轮的对话，后两题为包含两个话轮的对话，体现了难度的递增。第三部分则考查学习者理解对特定语境下对话的理解能力，一般第19、20题为语段，对学习者的听力提出了更高的要求。

4—6单元的听力也分三部分。与前三单元不同的是，第二部分是听录音，选出正确答案，学习者需将听到的对话与图片内容结合起来，在所提供的图片中做出正确的选择。

2. 阅读

阅读题主要考查学习者对生词的掌握以及对短语、句子、对话的阅读理解能力。每个单元有20道阅读题。前三单元与后三单元的题型略有不同。

1—3单元的第一部分是判断题，借助图片，考查学习者对生词的识读能力。第二部分是选择题，主要考查学习者对语言点的掌握和运用情况，一般有5个词语供学习者选择，备选词语的选择以本单元语言点为依据，同时也兼顾词类的特点。第三部分是句子接龙，该题型参考美国AP中文考试，同时也有所创新。学习者需要完成的接龙部分既可以是句子的后半部分，也有句子的前半部分。除考查学习者整句的阅读理解之外，还考查学习者运用汉语进行正确表达的能力，希望以此帮助学习者适应汉语表达习惯。

4—6单元的第一部分是选择题，学习者需在正确识读词语的基础上做出正确的选择。在汉字的识读方面对学习者提出了更高的要求。

3. 汉字

汉字部分有两种题型，第一种是根据偏旁写出汉字，并组成词语；第二种是根据提示写出汉字，避免机械记忆。题目中给出了汉字部首的提示，如：马+奇＝骑，木+交＝校。

二、HSK模拟测试

为了帮助学习者熟悉HSK的题型，同时检验自己的汉语水平，本书提供两套HSK模拟测试题。这两套模拟题的题型采用了汉语水平考试（HSK）三级考试题型，测试范围则以《跟我学汉语》第二册所学的生词、短语、语言点及功能项目为主。由于原教材与HSK并非对应关系，因此编者在模拟题的难度上有所侧重，以本册的两套三级题为例，一套题与教材内容关系较为密切，难度上略低于三级水平，另一套更接近于三级水平。

三、使用建议

1. 单元测试建议每单元学习结束后使用，检测学习者对本单元所学知识的掌握情况及对知识的应用能力。测试时间为45分钟。

2. HSK模拟测试建议在《跟我学汉语》第二册学完后使用，测试时间为90分钟。

3. 教师可根据学习者情况，以百分制或者等级制来评定学习者的成绩，及时肯定学习者的进步，同时提出更高的要求。

目 录

单元测试 /1

第一单元 /2

第二单元 /9

第三单元 /16

第四单元 /23

第五单元 /30

第六单元 /37

单元测试听力材料 /45

第一单元听力材料 /46

第二单元听力材料 /48

第三单元听力材料 /50

第四单元听力材料 /52

第五单元听力材料 /55

第六单元听力材料 /58

单元测试参考答案 /61

第一单元参考答案 /62

第二单元参考答案 /63

第三单元参考答案 /64

第四单元参考答案 /65

第五单元参考答案 /66

第六单元参考答案 /67

HSK 模拟测试 /69

HSK（三级）样卷一 /70

HSK（三级）样卷二 /85

HSK 模拟测试听力材料 /101

HSK（三级）样卷一听力材料 /102

HSK（三级）样卷二听力材料 /108

HSK 模拟测试答案 /115

HSK（三级）样卷一答案 /116

HSK（三级）样卷二答案 /118

单元测试

第一单元

一、听力（40分）

第一部分

第1—10题：听录音，选出正确答案。

Listen and choose the correct answer.

例如：图书馆（ B ）

1. (   )   2. (   )   3. (   )   4. (   )   5. (   )
6. (   )   7. (   )   8. (   )   9. (   )   10. (   )

第二部分

第 11—15 题：听录音，判断对错。

Listen, tick and cross.

例如：

马明和小林是邻居。

马明家离小林家很近。（√）

11. 小林和家明以前不在这里上学。　　　　　　　　　　　（　　）

12. 这个老师是教汉语的。　　　　　　　　　　　　　　（　　）

13. 我想选三门课。　　　　　　　　　　　　　　　　　（　　）

14. 我走路去学校。　　　　　　　　　　　　　　　　　（　　）

15. 游泳馆在南边。　　　　　　　　　　　　　　　　　（　　）

第三部分

第 16—20 题：听录音，选出正确答案。

Listen and choose the correct answer.

例如：

男：听说学校东边有一个游泳馆，我们一起去吧。

女：好啊。

问：他们要去哪儿？（ C ）

A. 操场   B. 商店   C. 游泳馆   D. 图书馆

16. A. 数学　　　B. 英语　　　　C. 武术　　　　D. 地理　　　（　　）

17. A.文具　　B.杂志　　C.书包　　D.词典　　（　）
18. A.操场　　B.游泳馆　　C.篮球场　　D.图书馆　　（　）
19. A.走路　　B.骑自行车　　C.开车　　D.坐公交车　　（　）
20. A.左边　　B.右边　　C.后边　　D.前边　　（　）

二、阅读（40分）

第一部分

第21—25题：看图片，判断对错。

Look at the picture, tick and cross.

例如：

打网球

（ × ）

21.

玩电脑

（　）

22.

游泳

（　）

23.

读书

（　）

24.

走路

（　）

25.  玩手机

（　）

第二部分

第26—30题：选出正确答案。

Choose the correct answer.

例如：

我（ E ）开车去学校吗？

A. 在　B. 借　C. 选　D. 拐　E. 能　F. 骑

26. A：请问，去朗文中学怎么走？

B：一直往前走，到路口向左（　）。

27. A：我能（　）一下你的文具盒吗？

B：可以，在我的桌子上。

28. A：你每天（　）自行车去上学吗？

B：不是，有时我也走路去。

29. A：操场（　）学校的东边吗？

B：是的。

30. A：你想（　）什么课？

B：汉语课。

第三部分

第31—35题：句子接龙。

Rejoinder.

例如：

今天天气不错，（ A ）

A. 我要出去玩。

B. 太热了。

31. 家明，你想选什么课？（　）

    A. 我想选数学课。

    B. 我喜欢这件衣服。

32. 这本杂志真好看，（　）

    A. 我想看电视。

    B. 可以借我看看吗？

33. 我的橡皮找不到了，（　）

    A. 我的文具盒很漂亮。

    B. 我能用一下你的吗？

34. 我们的校园不大，东边是图书馆，（　）

    A. 西边是食堂。

    B. 操场很漂亮。

35. 我想找三年级二班，（　）

    A. 请问从这儿到教室怎么走？

    B. 往南一直走有一个游泳馆。

第四部分

第36—40题：读句子，判断对错。

Read the sentence, tick and cross.

例如：

小林想选汉语课，不过她觉得汉语课很难。
小林觉得汉语课有点儿难。（ × ）

36. 校园的东边是操场，西边是教室。
    校园里有操场和教室。   （   ）

37. 家明想选数学课，因为他觉得数学很有意思。
    家明觉得数学没有意思。   （   ）

38. 学校东边是图书馆，往南一直走有一个游泳馆。
    游泳馆在学校南边。   （   ）

39. 小王想借一下马明的铅笔。
    小王想要马明的橡皮。   （   ）

40. 马明每天都骑自行车去上学。
    马明有时走路去上学。   （   ）

三、汉字与书写（20分）

第一部分

第41—45题：根据提示及语境写出汉字。

Write Chinese characters according to the hint and context.

例如：

他非常热爱音（日）乐。

41. 我喜欢____（讠）文课。

42. 你这块____（木）皮真不错。

43. 这个____（王）具是我的。

44. 别理____（亻）们，咱们早点儿走。

45. ____（土）理是我最喜欢的学科。

第二部分

第46—50题：选择汉字部首，写出汉字。

Write Chinese characters after selecting the proper opponent.

> 马　先　心　交　亍　央

例如：　心　相　想

46. ＿　奇　＿

47. 木　＿　＿

48. 艹　＿　＿

49. 彳　＿　＿

50. 辶　＿　＿

第二单元

一、听力（40分）

第一部分

第1—10题：听录音，选出正确答案。

Listen and choose the correct answer.

例如：图书馆（ B ）

A

B

C

D

E

F

G

H

I

J

K

1. (　　)　　2. (　　)　　3. (　　)　　4. (　　)　　5. (　　)
6. (　　)　　7. (　　)　　8. (　　)　　9. (　　)　　10. (　　)

第二部分

第11—15题：听录音，判断对错。

Listen, tick and cross.

例如：

马明和小林是邻居。
马明家离小林家很近。（√）

11. 这部电影很有趣。　　　　　　　　　　　　　　　　（　　）

12. 马明喜欢看排球赛。　　　　　　　　　　　　　　　（　　）

13. 小雨没时间去看电影。　　　　　　　　　　　　　　（　　）

14. 小林听过音乐会了。　　　　　　　　　　　　　　　（　　）

15. 昨天晚上德国队赢了比赛。　　　　　　　　　　　　（　　）

第三部分

第16—20题：听录音，选出正确答案。

Listen and choose the correct answer.

例如：

男：听说学校东边有一个博物馆，我们一起去吧。

女：好啊。

问：他们要去哪儿？（C）

A. 操场　B. 游泳馆　C. 博物馆　D. 图书馆

16. A. 上课　　　B. 打排球　　　C. 看电影　　　D. 听音乐会　（　　）

17. A.去图书馆　　B.看电影　　C.看篮球赛　　D.参加舞会　（　）
18. A.听音乐　　　B.打排球　　C.看电影　　　D.旅游　　　（　）
19. A.门票　　　　B.钱包　　　C.书包　　　　D.海报　　　（　）
20. A.排球俱乐部　　　　　　　B.篮球俱乐部
　　C.游泳俱乐部　　　　　　　D.音乐俱乐部　　　　　　　（　）

二、阅读（40分）

第一部分

第21—25题：看图片，判断对错。

Look at the picture, tick and cross.

例如：

打网球

（×）

21.  骑自行车 （　）

22.  听音乐 （　）

23.  看电影 （　）

24.  旅游 （　）

25. 　　　　游泳

　　　　　（　）

第二部分

第26—30题：选出正确答案。

Choose the correct answer.

例如：

　　A：请问，去朗文中学怎么走？

　　B：一直往前走，到路口向左（ E ）。

　　　　A.了　B.已经　C.从　D.到　E.拐　F.要

26. A：你听昨天的音乐会了吗？

　　B：没有，音乐会的门票太贵（　）。

27. A：我明年就（　）毕业了。

　　B：时间过得真快！

28. A：今晚的舞会多长时间？

　　B：从七点（　）八点。

29. A：我（　）学校开车去你家要多久？

　　B：二十分钟。

30. A：你去吃饭吗？

　　B：不，我（　）吃过了。

第三部分

第31—35题：句子接龙。

Rejoinder.

例如：

今天天气不错，（ A ）

A. 我要出去玩。

B. 太热了。

31. 这件衣服太贵了，（　　）

    A. 我想要一杯茶。

    B. 我不想买了。

32. 这部电影很好看，（　　）

    A. 马明是个电影迷。

    B. 你没看，太遗憾了。

33. 李大龙给了我两张门票，（　　）

    A. 我要谢谢他。

    B. 我要去买票。

34. 我已经写完作业了，（　　）

    A. 昨天晚上我一直在听音乐。

    B. 我们一起去看足球比赛吧。

35. 从学校到超市很远，（　　）

    A. 我们还是骑自行车去吧。

    B. 我到学校的时候已经七点了。

第四部分

第36—40题：读句子，判断对错。

Read the sentence, tick and cross.

例如：

小林想选汉语课，不过她觉得汉语课很难。

小林觉得汉语课有点儿难。（×）

36. 我买电影票的时候看见了刘老师。

　　刘老师给我一张电影票。　　　　　　　　　　　　（　）

37. 音乐会八点开始，现在已经七点五十了。

　　音乐会就要开始了。　　　　　　　　　　　　　　（　）

38. 我们明天从车站出发，你在学校等我们吧。

　　我们明天从学校出发。　　　　　　　　　　　　　（　）

39. 李大龙的爱好是足球，但是今天的比赛他没有参加。

　　李大龙不喜欢今天的足球比赛。　　　　　　　　　（　）

40. 马明，你来晚了，电影已经结束了。

　　马明没有看到电影。　　　　　　　　　　　　　　（　）

三、汉字与书写（20分）

第一部分

第41—45题：根据提示及语境写出汉字。

Write Chinese characters according to the hint and context.

例如：

他非常热爱音（日）乐。

41. 开____（子）了！我认识了好多新同学。

42. ____（口）诉我，这事是谁做的？

43. 我们俩爱____（子）不同。

44. 这张电影海____（艮）是我的好朋友做的。

45. 王小雨和李大龙都是滑板____（友）好者。

第二部分

第46—50题：选择部件，写出汉字。

Write Chinese characters after selecting the proper opponent.

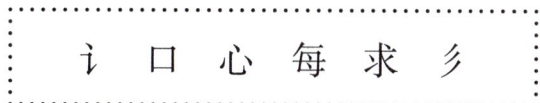

例如： 心 相 想

46. ___ 向 ___   47. 王 ___ ___

48. 氵 ___ ___   49. ___ 景 ___

50. ___ 青 ___

第三单元

一、听力（40分）

第一部分

第1—10题：听录音，选出正确答案。

Listen and choose the correct answer.

例如：图书馆（ B ）

1.（　　） 2.（　　） 3.（　　） 4.（　　） 5.（　　）
6.（　　） 7.（　　） 8.（　　） 9.（　　） 10.（　　）

第二部分

第11—15题：听录音，判断对错。

Listen, tick and cross.

例如：

马明和小林是邻居。

马明家离小林家很近。（ √ ）

11. 我买了一条新围巾。（　　）

12. 我想用一下电脑。（　　）

13. 家明要给小雨打电话。（　　）

14. 我以后想当医生。（　　）

15. 王小雨晚上十二点还没睡觉。（　　）

第三部分

第16—20题：听录音，选出正确答案。

Listen and choose the correct answer.

例如：

男：听说学校东边有一个博物馆，我们一起去吧。

女：好啊。

问：他们要去哪儿？（ C ）

A. 操场　B. 游泳馆　C. 博物馆　D. 图书馆

16. A. 洗澡　　　B. 学习　　　C. 睡觉　　　D. 上课　（　　）

17. A. 医生　　　　B. 教授　　　　C. 律师　　　　D. 老师　　（　）

18. A. 手套　　　　B. 围巾　　　　C. 贺卡　　　　D. 衣服　　（　）

19. A. 打电话的是刘音的朋友。　　B. 接电话的是刘音。

　　C. 男的不会再打电话了。　　　D. 刘音正在看电影。　　（　）

20. A. 男的正在上网查资料。　　　B. 女的想上网聊天儿。

　　C. 女的想和男的聊天儿。　　　D. 男的正在上网聊天儿。（　）

二、阅读（40分）

第一部分

第21—25题：看图片，判断对错。

Look at the picture, tick and cross.

例如：

打网球

（ × ）

21.

打电话

（　）

22.

看电视

（　）

23.

打扫卫生

（　）

24.

送礼物

（　）

25.  唱歌

（　）

第二部分

第26—30题：选出正确答案。

Choose the correct answer.

例如：

A：请问，去朗文中学怎么走？

B：一直往前走，到路口向左（ D ）。

> A.才　B.祝　C.转　D.拐　E.当　F.让

26. A：你妈妈做什么工作？

    B：我妈妈以前是秘书，现在（　）老师。

27. A：电影已经开始十分钟了，你怎么现在（　）来？

    B：对不起，我迟到了。

28. A：明天天气怎么样？

    B：白天阴（　）晴，不会下雨。

29. A：你好，小雨现在不在家，你要留言吗？

    B：好的。请（　）她给王明打电话，谢谢。

30. A：张老师，（　）您新年快乐！

    B：谢谢！新年快乐！

第三部分

第31—35题：句子接龙。

Rejoinder.

例如：

今天天气不错，（ A ）

A. 我要出去玩。

B. 太热了。

31. 现在外面在下雨，（   ）

    A. 过一会儿再出去吧。

    B. 妈妈的围巾丢了。

32. 明天我们一起去广场吧，（   ）

    A. 那儿车很多，环境不好。

    B. 那儿有迎接新年的活动。

33. 家明不在这儿，（   ）

    A. 你可以帮我留言吗？

    B. 你喜欢看电视吗？

34. 你在上网玩游戏吧，（   ）

    A. 我可以先用一下电脑吗？

    B. 电影好看吗？

35. （   ）你将来想做什么？

    A. 我想提个问题，

    B. 我要找资料，

第四部分

第36—40题：读句子，判断对错。

Read the sentence, tick and cross.

例如：

小林想选汉语课，不过她觉得汉语课很难。
小林觉得汉语课有点儿难。（ × ）

36. 明天是圣诞节，王明打算送给李丽圣诞节礼物。
    李丽明天可能会收到王明的礼物。（　）

37. 老师说中级听力课很难，建议我选择初级听力课。
    我应该选中级听力课。（　）

38. 以前这里是学校，现在这里变成商场了。
    这里一直是学校。（　）

39. 小龙约我十二点见面，现在已经十二点半了，他还没到！
    小龙迟到了。（　）

40. 马明正在上网找资料，明天上课要用。
    马明正在学习。（　）

三、汉字与书写（20分）

第一部分

第41—45题：根据提示及语境写出汉字。

Write Chinese characters according to the hint and the context.

例如：

他非常热爱音（日）乐。

41. 这里的风____（京）太好了！

42. 夜____（门）别出去，小心着凉。

43. 我（牛）____别喜欢杰克逊的歌。

44. 这张____（灬）片是什么时候拍的？

45. 他知____（辶）很多有趣的故事。

第二部分

第46—50题：选择部件，写出汉字。

Write Chinese characters after selecting the proper opponent.

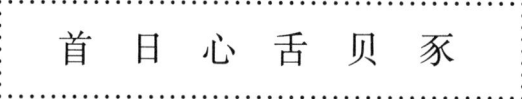

例如： 心 相 想

46. ___ 加 ___

47. ___ 辶 ___

48. 宀 ___ ___

49. 讠 ___ ___

50. ___ 青 ___

第四单元

一、听力（40分）

第一部分

第1—10题：听录音，选出正确答案。

Listen and choose the correct answer.

例如：图书馆（ B ）

1.（　　）　2.（　　）　3.（　　）　4.（　　）　5.（　　）
6.（　　）　7.（　　）　8.（　　）　9.（　　）　10.（　　）

第二部分

第11—15题：听录音，选出正确答案。

Listen and choose the correct answer.

例如：

男：你怎么去学校？

女：我骑车去学校。（ A ）

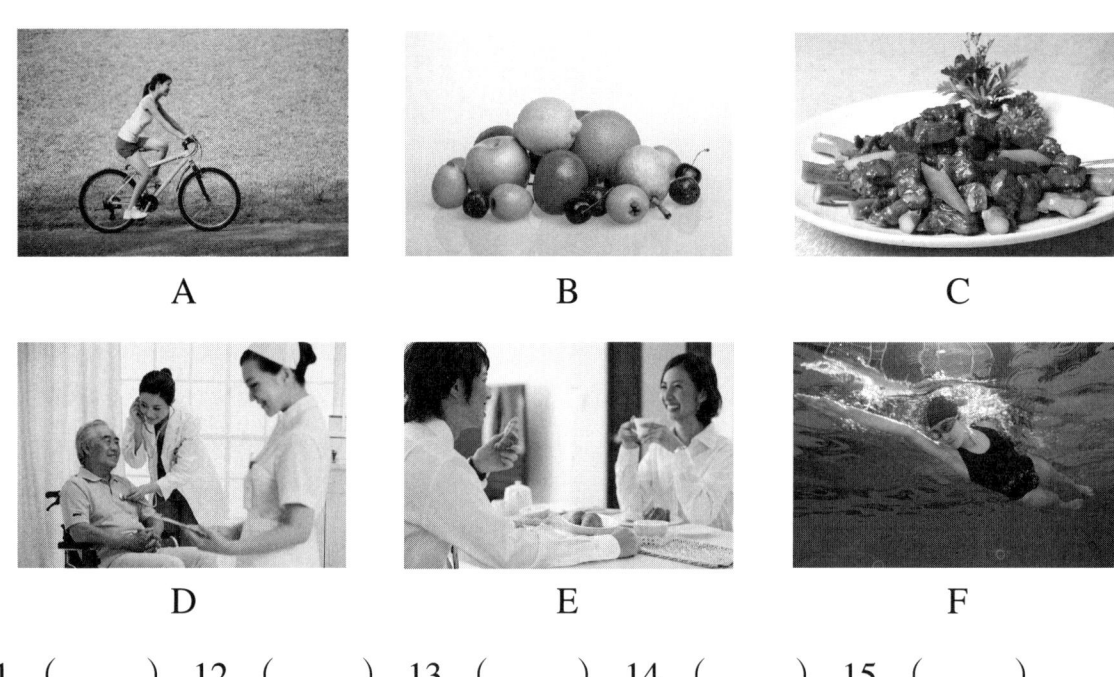

11.（　　）12.（　　）13.（　　）14.（　　）15.（　　）

第三部分

第16—20题：听录音，选出正确答案。

Listen and choose the correct answer.

例如：

男：听说学校东边有一个博物馆，我们一起去吧。

女：好啊。

问：他们要去哪儿？（ C ）

A.操场   B.游泳馆   C.博物馆   D.图书馆

16. A.面条儿　　B.饺子　　　C.米饭　　　D.比萨饼　　（　）

17. A.累了　　　B.饿了　　　C.想睡觉了　D.渴了　　　（　）

18. A.八点　　　B.九点　　　C.十点　　　D.十一点　　（　）

19. A.牛奶　　　B.果汁　　　C.矿泉水　　D.咖啡　　　（　）

20. A.有点儿辣　　　　　　B.有点儿甜
    C.有点儿酸　　　　　　D.有点儿咸　　　　　　　（　）

二、阅读（40分）

第一部分

第21—25题：选出正确答案。

Choose the correct answer.

例如：

我（ E ）开车去学校吗？

> A.应该   B.完   C.再   D.后来   E.能   F.只是

21. 我没有听懂，请您（　）说一遍。

22. 你写（　）作业才能出去玩。

23. 他的身体不太好，医生告诉他（　）多运动。

24. 刘老师以前教三年级，（　）教五年级。

25. 这件衣服的样子很好，（　）有点儿小。

第二部分

第26—30题：选出正确答案。

Choose the correct answer.

例如：

A：请问，去朗文中学怎么走？

B：一直往前走，到路口向左（ D ）。

> A.约 B.渴 C.够 D.拐 E.尝 F.爱

26. A：你想喝点儿什么饮料？

    B：我现在不太（　），等会儿再喝吧。

27. A：明天我（　）了朋友一起去爬长城。

    B：祝你玩得愉快！

28. A：这么多人，三菜一汤不（　）。

    B：我们再点几个菜吧。

29. A：你最（　）看什么电影？

    B：我喜欢美国电影。

30. A：这个汤味道很好，你（　）一下。

    B：味道真的很好，我很喜欢。

第三部分

第31—35题：句子接龙。

Rejoinder.

例如：

今天天气不错，（ A ）

A. 我要出去玩。

B. 太热了。

31. 已经十二点了，（ ）

　　A. 你吃午饭了吗？

　　B. 我最喜欢喝咖啡。

32. 快考试了，（ ）

　　A. 我考了100分。

　　B. 你应该好好复习。

33. （ ），太少了。

　　A. 你只买了两个苹果

　　B. 这种香蕉很好吃

34. （ ），她又漂亮又可爱。

　　A. 李小可是我的好朋友

　　B. 我不认识李小可

35. 我已经吃饱了，（ ）

　　A. 妈妈做好晚饭了！

　　B. 不想再吃了。

第四部分

第36—40题：读句子，判断对错。

Read the sentence, tick and cross.

例如：

　　小林想选汉语课，不过她觉得汉语课很难。

　　小林觉得汉语课有点儿难。（ × ）

36. 他以前很胖，后来他每天都去跑步，瘦了很多。
    他一直很瘦。　　　　　　　　　　　　　　　　　　　　（　）

37. 我想打电话找马克，但是我打错了。
    马克接到了我的电话。　　　　　　　　　　　　　　　　（　）

38. 今天可能会下雨，朋友告诉我最好带雨伞。
    朋友让我带雨伞出去。　　　　　　　　　　　　　　　　（　）

39. 他觉得这个汤又油又咸。
    这个汤的味道不咸。　　　　　　　　　　　　　　　　　（　）

40. 叔叔最近生病了，我想去看看他。
    我最近看见了叔叔。　　　　　　　　　　　　　　　　　（　）

三、汉字与书写（20分）

第一部分

第41—45题：根据提示及语境写出汉字。

Write Chinese characters according to the hint and the context.

例如：

他非常热爱音（日）乐。

41. 热菜，____（京）菜，还有汤，都是我爱吃的，真棒！

42. 你中午吃了几碗米____（反）？

43. 这家店的果____（十）又新鲜又好喝。

44. ____（免）饭吃什么？中餐、意大利餐还是日本餐？

45. 价钱在____（采）单上，你仔细看看，不要选贵的。

第二部分

第46—50题：选择部件，写出汉字。

Write Chinese characters after selecting the proper opponent.

纟 心 月 亡 由 采

例如： 心 相 <u>想</u>

46. 日 ___ ___

47. ___ 工 ___

48. 氵 ___ ___

49. 艹 ___ ___

50. ___ 心 ___

第五单元

一、听力（40分）

第一部分

第1—10题：听录音，选出正确答案。

Listen and choose the correct answer.

例如：图书馆（ B ）

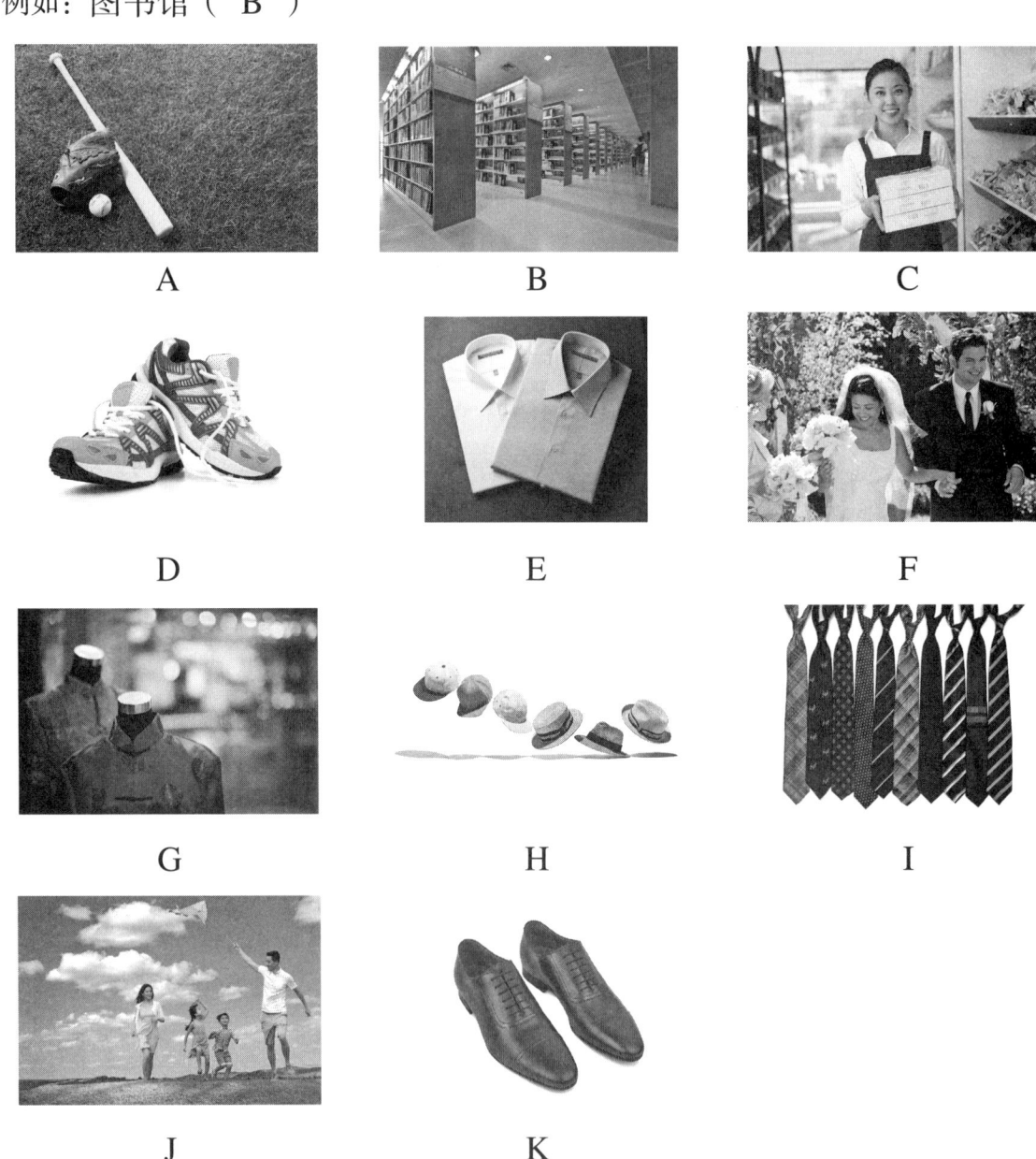

1.（　　） 2.（　　） 3.（　　） 4.（　　） 5.（　　）
6.（　　） 7.（　　） 8.（　　） 9.（　　） 10.（　　）

第二部分

第11—15题：听录音，选出正确答案。

Listen and choose the correct answer.

例如：

男：你怎么去学校？

女：我骑车去学校。（ A ）

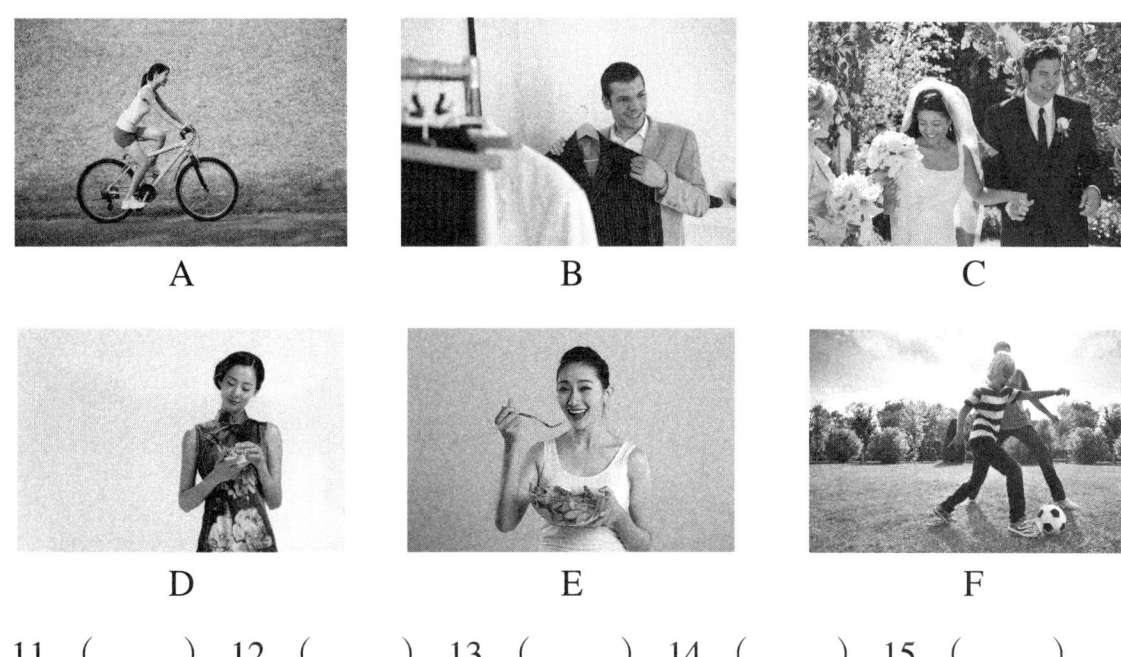

11.（　　） 12.（　　） 13.（　　） 14.（　　） 15.（　　）

第三部分

第16—20题：听录音，选出正确答案。

Listen and choose the correct answer.

例如：

男：听说学校东边有一个博物馆，我们一起去吧。

女：好啊。

问：他们要去哪儿？（ C ）

A.操场　B.游泳馆　C.博物馆　D.图书馆

16. A.起床晚了　B.衣服脏了　C.还没出门　D.忘了聚会　（　）

17. A.买球　　　B.郊游　　　C.踢球　　　D.看书　　　（　）

18. A.坐火车　　B.参加婚礼　C.去旅游　　D.不想参加　（　）

19. A.太肥了　　B.太瘦了　　C.太旧了　　D.不好看　　（　）

20. A.皮鞋　　　B.T恤衫　　 C.裤子　　　D.衬衫　　　（　）

二、阅读（40分）

第一部分

第21—25题：选出正确答案。

Choose the correct answer.

例如：

我（ E ）开车去学校吗？

> A.件　B.对　C.更　D.也　E.能　F.跟

21. 我（　）旅游很感兴趣。

22. 我（　）他一样，我们都喜欢踢球。

23. 您穿这（　）旗袍真漂亮！

24. 他的棒球帽比我的（　）好看。

25. 今天我爸爸要去参加一个晚会，我（　）去。

第二部分

第26—30题：选出正确答案。

Choose the correct answer.

例如：

A：请问，去朗文中学怎么走？

B：一直往前走，到路口向左（ D ）。

> A.更　B.变　C.换　D.拐　E.系　F.感

26. A：我不想（　）领带了，可以吗？

    B：不太好吧，参加舞会还是需要有领带。

27. A：你长得真像你妈妈。

    B：如果你见过我爸爸，你会发现我（　）像他。

28. A：现在很多年轻人都是游戏迷，喜欢打电脑游戏。

    B：对啊，我对电脑游戏也很（　）兴趣。

29. A：以前的旗袍很肥，现在的旗袍（　）瘦了。

    B：是啊，时髦的东西总是在不停地变。

30. A：这件衬衫怎么样？我打算穿它去参加服装节。

    B：有点儿瘦，你还是（　）一件吧。

第三部分

第31—35题：句子接龙。

Rejoinder.

例如：

今天天气不错，（ A ）

A. 我要出去玩。

B. 太热了。

31. （　　），你一定要买。

　　A. 这件衣服是今年最时髦的

　　B. 穿这件衣服去开会不太合适

32. 我打算买一顶帽子，（　　）

　　A. 你觉得这顶好看吗？

　　B. 我打算郊游的时候穿。

33. 商店里有很多种镜子，（　　）

　　A. 每一种都很好看。

　　B. 爸爸从来不照镜子。

34. 朋友告诉我你们学校有服装节，（　　）

　　A. 这家商店的衣服很适合你。

　　B. 我很感兴趣，很想去看看。

35. （　　），所以我穿了皮鞋和西装。

　　A. 今天我要参加朋友哥哥的婚礼

　　B. 穿运动鞋走路特别舒服

第四部分

第36—40题：读句子，判断对错。

Read the sentence, tick and cross.

例如：

小林想选汉语课，不过她觉得汉语课很难。

小林觉得汉语课有点儿难。（ × ）

36. 通知：星期六朗文中学举行唱歌比赛，欢迎感兴趣的同学参加。

    同学们很喜欢朗文中学的唱歌比赛。 （   ）

37. 蓝色的T恤衫比黄色的T恤衫更漂亮，但是我穿它太肥了。

    我穿黄色的T恤衫不合适。 （   ）

38. 小雨暑假想去北京旅游，马明也是。

    小雨和马明都想去北京玩。 （   ）

39. 我喜欢吃中国的面条儿，我觉得面条儿和面包一样好吃。

    我更喜欢吃面条儿。 （   ）

40. 你穿衬衫吧，穿T恤衫参加婚礼不合适。

    参加婚礼最好不穿T恤衫。 （   ）

三、汉字与书写（20分）

第一部分

第41—45题：根据提示及语境写出汉字。

Write Chinese characters according to the hint and the context.

例如：

他非常热爱音（ 日 ）乐。

41. 他常常穿一双旧皮____（革）

42. 从那以后，他再也不____（足）球了。

43. 你暑假打算去哪里____（方）游？

44. 结____（昏）是一件重要的事。

45. 我们的兴____（走）爱好完全一样。

第二部分

第46—50题：选择部件，写出汉字。

Write Chinese characters after selecting the proper opponent.

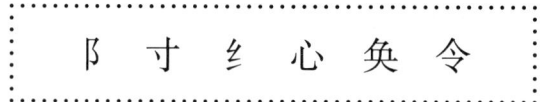

例如： 心 相 <u>想</u>

46. 礻 ___ ___   47. ___ 页 ___

48. 交 ___ ___   49. 扌 ___ ___

50. ___ 吉 ___

第六单元

一、听力（40分）

第一部分

第1—10题：听录音，选出正确答案。

Listen and choose the correct answer.

例如：图书馆里有各种各样的书。（ B ）

1.（   ） 2.（   ） 3.（   ） 4.（   ） 5.（   ）
6.（   ） 7.（   ） 8.（   ） 9.（   ） 10.（   ）

第二部分

第11—15题：听录音，选出正确答案。

Listen and choose the correct answer.

例如：

男：你怎么去学校？

女：我骑车去学校。（ A ）

11.（   ） 12.（   ） 13.（   ） 14.（   ） 15.（   ）

第三部分

第16—20题：听录音，选出正确答案。

Listen and choose the correct answer.

例如：

男：听说学校东边有一个博物馆，我们一起去吧。

女：好啊。

问：他们要去哪儿？（C）
A.操场　B.游泳馆　C.博物馆　D.图书馆

16. A.踢球　　　　B.爬山　　　　C.野餐　　　　D.看电影　（　）
17. A.打扫教室　　B.写作业　　　C.看电影　　　D.吃饭　　（　）
18. A.聚会很重要　　　　　　　　B.考试要认真
　　C.早点儿回家　　　　　　　　D.别忘了吃饭　　　　　（　）
19. A.游泳　　　　B.钓鱼　　　　C.吸烟　　　　D.遛狗　　（　）
20. A.打工　　　　B.旅行　　　　C.募捐　　　　D.漂流　　（　）

二、阅读（40分）

第一部分

第21—25题：选出正确答案。

Choose the correct answer.

例如：

我（ E ）开车去学校吗？

　　　A.必须　B.把　C.为　D.想　E.能　F.然后

21. 暑假我想先去打工，（　）去旅行。

22. 同学们在（　）保护动物募捐。

23. 这个故事告诉我们，工作的时候（　）非常认真。

24. 我们（　）房间打扫干净了，希望您在这里住得舒服。

25. 弟弟（　）用打工挣的钱给小狗买一个玩具。

第二部分

第26—30题：选出正确答案。

Choose the correct answer.

例如：

A：请问，去朗文中学怎么走？

B：一直往前走，到路口向左（ D ）。

> A.也许   B.回来   C.帮忙   D.拐   E.禁止   F.弄

26. A：你们在打扫教室，需要帮忙吗？

    B：谢谢！我们刚才举行活动，把教室（ ）脏了。

27. A：放假了，你有什么计划？

    B：还没想好，（ ）去参加夏令营。

28. A：你看，这里写着（ ）踢球。

    B：那我们换一个地方吧。

29. A：你好，需要（ ）吗？

    B：请问卫生间怎么走？

30. A：谢谢你把我的小狗送（ ）。

    B：不客气，请注意别再把它弄丢了。

第三部分

第31—35题：句子接龙。

Rejoinder.

例如：

今天天气不错，（ A ）

A. 我要出去玩。

B. 太热了。

31. 您好，这里禁止遛狗，（　　）

   A. 这种食品特别适合您的狗。

   B. 麻烦您带狗去对面吧。

32. 暑假我想去打工，（　　）

   A. 先挣一些零花钱，然后去旅行。

   B. 工作太累了，我需要休息一下。

33. 放假了，（　　）

   A. 希望大家注意安全，过一个愉快的暑假。

   B. 希望大家不要迟到，遵守考试的要求。

34. 她很喜欢那本书，（　　）

   A. 也许她会把自己的故事写进书里。

   B. 虽然书很贵，但是她还是把那本书买回来了。

35. 现在环境很不好，（　　）

   A. 我们应该保护环境。

   B. 我们应该出去野餐。

第四部分

第36—40题：读句子，判断对错。

Read the sentence, tick and cross.

例如：

   小林想选汉语课，不过她觉得汉语课很难。

   小林觉得汉语课有点儿难。（ × ）

36. 昨天小雨把新买的衣服弄脏了，她很伤心。

   昨天小雨很生气。（　）

37. 这里不安全，禁止游泳。

   不能在这里游泳。（　）

38. 哥哥暑假刚学会修理汽车，但是爸爸的车他还没修好。

   哥哥把爸爸的车修好了。（　）

39. 小男孩儿的妈妈告诉他，在公共场所不要大声说话。

   小男孩儿总是喜欢大声说话。（　）

40. 我今天上课迟到了，老师要求我明天必须准时到教室。

   老师要求我明天上课不能迟到。（　）

三、汉字与书写（20分）

第一部分

第41—45题：根据提示及语境写出汉字。

Write Chinese characters according to the hint and the context.

例如：

他非常热爱音（日）乐。

41. 他把房间打扫干＿＿（丷），就出去散步了。

42. 这个年轻人＿＿（官）理着一家大公司。

43. 我想自己挣＿＿（钅）付学费。

44. 这个村里的年轻人都出去＿＿（扌）工了。

45. 别着急，＿＿（日）假很快就到了。

第二部分

第46—50题：选择部件，写出汉字。

Write Chinese characters after selecting the proper opponent.

> 青　又　心　化　扌　呆

例如：　心　相　**想**

46.　亻　＿　＿

47.　＿　ヨ　＿

48.　氵　＿　＿

49.　艹　＿　＿

50.　＿　寸　＿

单元测试
听力材料

第一单元
听力材料

大家好！欢迎参加《跟我学汉语》第二册第一单元测试。

听力测试分三部分，共20题。

请注意，听力测试现在开始。

第一部分

一共10题，每题听两次。

例如：图书馆

现在开始第1题到第10题：

1. 自行车　　2. 教室　　3. 文具盒　　4. 杂志　　5. 校园
6. 词典　　　7. 书包　　8. 电脑　　　9. 橡皮　　10. 操场

第二部分

一共5题，每题听两次。

例如：马明和小林是邻居。

现在开始第11题到第15题：

11. 小林和家明是新来的学生。

12. 这是我的汉语老师。

13. 我想选音乐课，还想选武术课。

14. 我每天骑自行车上学。

15. 往南一直走有一个游泳馆。

第三部分

一共5题，每题听两次。

例如：

男：听说学校东边有一个游泳馆，我们一起去吧。

女：好啊。

问：他们要去哪儿？

现在开始第16题到第20题：

16. 女：我想选武术课，可是武术课太难了。

    男：别担心，我帮你！

    问：女的想选什么课？

17. 男：我能借一下你的杂志吗？

    女：可以。杂志在我的书包里，你拿吧！

    问：男的想借什么？

18. 女：明天下午我们一起去图书馆吧？

    男：明天下午我要去打篮球。

    问：男的明天下午要去哪里？

19. 男：你家离学校远吗？

    女：不远，我走路五分钟就到了。你家远吗？

    男：有点儿远，我平时骑自行车来学校。

    问：女的平时怎么来学校？

20. 男：请问操场在哪里？

    女：往南一直走有一个游泳馆，游泳馆的后边就是操场。

    男：谢谢您。

    女：不客气。

    问：操场在游泳馆的哪边？

听力测试现在结束。

第二单元
听力材料

大家好！欢迎参加《跟我学汉语》第二册第二单元测试。

听力测试分三部分，共20题。

请注意，听力测试现在开始。

第一部分

一共10题，每题听两次。

例如：图书馆

现在开始第1题到第10题：

1. 足球赛　　2. 滑板　　3. 舞会　　4. 电影票　　5. 电视

6. 篮球赛　　7. 音乐会　　8. 海报　　9. 游泳　　10. 网球赛

第二部分

一共5题，每题听两次。

例如：马明和小林是邻居。

现在开始第11题到第15题：

11. 这部电影太有意思了。

12. 马明喜欢看足球赛。

13. 小雨没空儿去看电影。

14. 小林要去听音乐会。

15. 昨天晚上的比赛德国队赢了。

第三部分

一共5题，每题听两次。

例如：

> 男：听说学校东边有一个博物馆，我们一起去吧。
>
> 女：好啊。
>
> 问：他们要去哪儿？

现在开始第16题到第20题：

16. 男：下午学校有音乐会，你要去吗？

    女：下课后我们一起去吧！

    问：他们要去做什么？

17. 女：小明，你今天晚上去看电影吗？

    男：不，我要去参加舞会。

    问：小明今天晚上要去做什么？

18. 男：小林，你的爱好是什么？

    女：我喜欢听音乐。

    问：小林的爱好是什么？

19. 女：请给我两张篮球比赛的海报，好吗？

    男：好的。再给你十张门票吧。

    问：女的想要什么？

20. 男：你想参加篮球俱乐部吗？

    女：不，我不喜欢打篮球。

    男：那你想参加什么俱乐部？

    女：游泳俱乐部。

    问：女的想参加什么俱乐部？

听力测试现在结束。

第三单元
听力材料

大家好！欢迎参加《跟我学汉语》第二册第三单元测试。

听力测试分三部分，共20题。

请注意，听力测试现在开始。

第一部分

一共10题，每题听两次。

例如：图书馆

现在开始第1题到第10题：

1. 礼物　　2. 手套　　3. 地图　　4. 野餐　　5. 开车
6. 医生　　7. 火车站　　8. 打电话　　9. 西瓜　　10. 公共汽车

第二部分

一共5题，每题听两次。

例如：马明和小林是邻居。

现在开始第11题到第15题：

11. 我的围巾丢了，妈妈送我一条新围巾。

12. 你在上网看电影吧，我先用一下电脑，好吗？

13. 请让小雨给家明打电话。

14. 老师建议我将来当医生，但是我想当经理。

15. 晚上十二点了，王小雨还在学习。

第三部分

一共5题，每题听两次。

例如：

  男：听说学校东边有一个博物馆，我们一起去吧。

  女：好啊。

  问：他们要去哪儿？

现在开始第16题到第20题：

16. 男：已经上课了，李大龙呢？

  女：他昨晚学习到十一点才睡，现在应该还在睡觉吧。

  问：李大龙现在在做什么？

17. 女：这是你们全家的照片吗？

  男：对！这是我的爸爸，他以前在大学教书，现在在一个研究所工作。这是我的妈妈，她是律师。我将来想当医生。

  问：男的将来想当什么？

18. 男：小雨，你昨天收到了什么生日礼物啊？

  女：妈妈送给我一条围巾，爸爸送给我一副手套，我的朋友送给我很多生日贺卡。我都很喜欢！

  问：妈妈送给小雨什么礼物？

19. 男：您好，请问刘音在吗？

  女：对不起，她正在洗澡。请问你找刘音有什么事吗？

  男：哦！我是刘音的朋友大龙，我想祝她生日快乐。我等一会儿再打电话吧。

  问：下面哪句话是正确的？

20. 女：你在上网聊天儿吧？我先用一下电脑，好吗？

  男：好。你要上网干什么？

  女：我想找资料，谢谢你！

  问：下面哪句话是正确的？

听力测试现在结束。

第四单元
听力材料

大家好！欢迎参加《跟我学汉语》第二册第四单元测试。

听力测试分三部分，共20题。

请注意，听力测试现在开始。

第一部分

一共10题，每题听两次。

例如：图书馆

现在开始第1题到第10题：

1. 三明治　　2. 果汁　　3. 面条儿　　4. 见面　　5. 咖啡

6. 生病　　　7. 豆腐　　8. 炒菜　　　9. 粥　　　10. 饭馆

第二部分

一共5题，每题听两次。

例如：

　　　　男：你怎么去学校？

　　　　女：我骑车去学校。

现在开始第11题到第15题：

11. 男：你去商店买了什么？

　　 女：我买了一些水果。

12. 男：你最喜欢什么体育运动？

　　 女：我最喜欢游泳。

13. 男：我今天没有吃早饭，现在特别饿。

女：你每天都应该吃早饭。

14. 男：今天我的身体不太舒服。

    女：你最好去医院看看。

15. 男：你觉得中国菜怎么样？

    女：我觉得中国菜又好吃又便宜。

第三部分

一共5题，每题听两次。

例如：

男：听说学校东边有一个博物馆，我们一起去吧。

女：好啊。

问：他们要去哪儿？

现在开始第16题到第20题：

16. 男：午饭你吃了什么？

    女：我太饿了，吃了一大碗面条儿。

    问：女的午饭吃了什么？

17. 男：我忙了一天，还没吃饭呢。

    女：我请你吃饭。你喜欢吃什么？

    问：男的怎么了？

18. 男：明天天气不错，我们一起去爬山，怎么样？

    女：行啊。早上九点在公园门口见面吧。

    问：他们明天几点见面？

19. 男：您好，请问您想喝点儿什么？

    女：我想要一杯果汁。

    男：对不起，今天的果汁已经卖完了。

    女：那我要一杯牛奶吧。

    男：好的，请稍等。

    问：女的买了什么？

20. 男：这个菜的味道酸了点儿。

　　女：是吗？我只放了一点儿醋啊。

　　男：你尝尝。

　　女：是有点儿酸。

　　问：这个菜的味道怎么样？

听力测试现在结束。

第五单元
听力材料

大家好！欢迎参加《跟我学汉语》第二册第五单元测试。

听力测试分三部分，共20题。

请注意，听力测试现在开始。

第一部分

一共10题，每题听两次。

例如：图书馆

现在开始第1题到第10题：

1. 运动鞋　　2. 帽子　　3. 棒球　　4. 婚礼　　5. 领带

6. 唐装　　　7. 皮鞋　　8. 衬衫　　9. 郊游　　10. 售货员

第二部分

一共5题，每题听两次。

例如：

　　　男：你怎么去学校？

　　　女：我骑车去学校。

现在开始第11题到第15题：

11. 女：你的爱好是什么？

　　男：我的爱好是踢球。

12. 男：你明天要去哪儿？

　　女：我舅舅结婚，我去参加他的婚礼。

13. 男：我穿哪套西装好看？黑色的还是灰色的？

女：灰色的。

14. 男：你为什么吃这么少？

女：我想减肥。

15. 男：明天晚会你想穿什么？

女：我打算穿旗袍。

第三部分

一共5题，每题听两次。

例如：男：听说学校东边有一个博物馆，我们一起去吧。

女：好啊。

问：他们要去哪儿？

现在开始第16题到第20题：

16. 男：小雨，你很早就起床了，怎么还没有出门？

女：因为我不知道参加聚会穿什么衣服合适啊！

问：女的怎么了？

17. 女：这个商店里有这么多球啊！你想要哪一个？

男：我喜欢黑白的那个足球。

女：好的，就买那个吧。

男：太好了，这次郊游我要带上。

问：他们在做什么？

18. 男：下个星期小明结婚，你去吗？

女：我很想参加，可是我要去旅游，已经买了火车票了。

问：女的下个星期要去做什么？

19. 女：这是今年最时髦的衣服，你喜欢吗？

男：唉，我要想穿上它，可能得先减肥。

问：这件衣服怎么样？

20. 男：妈妈，我买这件T恤衫怎么样？

女：你有很多T恤衫了，买一件衬衫吧。

男：对啊，我需要一件衬衫。可是这里的衬衫都不好看。

女：那我们先买一条裤子吧，你的裤子太瘦了。

问：他们决定买什么？

听力测试现在结束。

第六单元
听力材料

大家好！欢迎参加《跟我学汉语》第二册第六单元测试。

听力测试分三部分，共20题。

请注意，听力测试现在开始。

第一部分

一共10题，每题听两次。

例如：图书馆里有各种各样的书。

现在开始第1题到第10题：

1. 我周末要打扫房间。
2. 王小雨明天想去爬山。
3. 我不知道卫生间在哪儿。
4. 我暑假打算去饭店打工。
5. 昨天马明捐了一些钱。
6. 姐姐想去南方旅行。
7. 这里禁止吸烟。
8. 我妹妹和老师一起去考察森林。
9. 你今天必须把作业写完。
10. 我们应该注意保护环境。

第二部分

一共5题，每题听两次。

例如：

　　男：你怎么去学校？

　　女：我骑车去学校。

现在开始第11题到第15题：

11. 男：暑假你打算干什么？

　　女：我想去旅行。

12. 男：这些是什么东西？

    女：这些是我给朋友们带回来的礼物。

13. 男：我可以在这里吸烟吗？

    女：对不起，这里不能吸烟。

14. 男：你在做什么呢？

    女：我在为孩子做饭，你下班后快回家吧。

15. 男：这里有香蕉、西瓜、苹果和梨，你想买什么？

    女：我想买一些苹果。

第三部分

一共5题，每题听两次。

例如：

　　男：听说学校东边有一个博物馆，我们一起去吧。

　　女：好啊。

　　问：他们要去哪儿？

现在开始第16题到第20题：

16. 男：明天是星期天，我们一起去野餐吧！

    女：好啊！那我们下周再去爬山。

    问：他们明天要去做什么？

17. 男：这么大的教室，你们能打扫干净吗？要不要我帮忙？

    女：太好了！谢谢你！等一会儿我们可以一起去吃饭。

    问：他们现在在做什么？

18. 男：妈妈，我今天和朋友聚会，晚上可以晚一些回家吗？

    女：你别忘了，明天早上你得参加考试呢。

    问：女的可能是什么意思？

19. 男：你好，这里禁止遛狗。

    女：这里很漂亮，我想看一看，可以吗？

    男：可是，我们必须遵守规定。

女：好吧，我可以去别的地方。

问：这里不可以做什么？

20. 男：暑假你有什么计划？

女：我想去旅行。你呢？

男：我打算去叔叔的公司打工。

女：听说小王要去参加漂流。我们的暑假都很有意义啊！

问：女的暑假要去干什么？

听力测试现在结束。

单元测试
参考答案

第一单元参考答案

一、听力

第一部分

1. E 2. G 3. I 4. K 5. D 6. A 7. F 8. J 9. H 10. C

第二部分

11. √ 12. √ 13. × 14. × 15. √

第三部分

16. C 17. B 18. C 19. A 20. C

二、阅读

第一部分

21. × 22. √ 23. √ 24. × 25. ×

第二部分

26. D 27. B 28. F 29. A 30. C

第三部分

31. A 32. B 33. B 34. A 35. A

第四部分

36. √ 37. × 38. √ 39. × 40. ×

三、汉字与书写

第一部分

41. 语 42. 橡 43. 玩 44. 他 45. 地

第二部分

46. 马 骑 47. 交 校 48. 央 英 49. 宁 行 50. 先 选

第二单元参考答案

一、听力

第一部分

1. D 2. A 3. G 4. I 5. F 6. C 7. K 8. H 9. J 10. E

第二部分

11. √ 12. × 13. √ 14. × 15. √

第三部分

16. D 17. D 18. A 19. D 20. C

二、阅读

第一部分

21. × 22. √ 23. √ 24. × 25. ×

第二部分

26. A 27. F 28. D 29. C 30. B

第三部分

31. B 32. B 33. A 34. B 35. A

第四部分

36. × 37. √ 38. × 39. × 40. √

三、汉字与书写

第一部分

41. 学 42. 告 43. 好 44. 报 45. 爱

第二部分

46. 口 响 47. 求 球 48. 每 海 49. 彡 影 50. 讠 请

第三单元参考答案

一、听力

第一部分

1. H 2. C 3. K 4. A 5. F 6. I 7. G 8. J 9. D 10. E

第二部分

11. × 12. √ 13. × 14. × 15. √

第三部分

16. C 17. A 18. B 19. A 20. D

二、阅读

第一部分

21. √ 22. × 23. √ 24. √ 25. ×

第二部分

26. E 27. A 28. C 29. F 30. B

第三部分

31. A 32. B 33. A 34. A 35. A

第四部分

36. √ 37. × 38. × 39. √ 40. √

三、汉字与书写

第一部分

41. 景 42. 间 43. 特 44. 照 45. 道

第二部分

46. 贝 贺 47. 首 道 48. 豕 家 49. 舌 话 50. 日 晴

第四单元参考答案

一、听力

第一部分

1. A 2. D 3. E 4. K 5. C 6. J 7. F 8. H 9. I 10. G

第二部分

11. B 12. F 13. E 14. D 15. C

第三部分

16. A 17. B 18. B 19. A 20. C

二、阅读

第一部分

21. C 22. B 23. A 24. D 25. F

第二部分

26. B 27. A 28. C 29. F 30. E

第三部分

31. A 32. B 33. A 34. A 35. B

第四部分

36. × 37. × 38. √ 39. × 40. ×

三、汉字与书写

第一部分

41. 凉 42. 饭 43. 汁 44. 晚 45. 菜

第二部分

46. 月 明 47. 乡 红 48. 由 油 49. 采 菜 50. 亡 忘

第五单元参考答案

一、听力

第一部分

1. D　2. H　3. A　4. F　5. I　6. G　7. K　8. E　9. J　10. C

第二部分

11. F　12. C　13. B　14. E　15. D

第三部分

16. C　17. A　18. C　19. B　20. C

二、阅读

第一部分

21. B　22. F　23. A　24. C　25. D

第二部分

26. E　27. A　28. F　29. B　30. C

第三部分

31. A　32. A　33. A　34. B　35. A

第四部分

36. ×　37. ×　38. √　39. ×　40. √

三、汉字与书写

第一部分

41. 鞋　42. 踢　43. 旅　44. 婚　45. 趣

第二部分

46. 寸 衬　47. 令 领　48. 阝 郊　49. 奂 换　50. 纟 结

第六单元参考答案

一、听力

第一部分

1. F 2. D 3. C 4. K 5. E 6. H 7. J 8. I 9. A 10. G

第二部分

11. B 12. C 13. D 14. F 15. E

第三部分

16. C 17. A 18. C 19. D 20. B

二、阅读

第一部分

21. F 22. C 23. A 24. B 25. D

第二部分

26. F 27. A 28. E 29. C 30. B

第三部分

31. B 32. A 33. A 34. B 35. A

第四部分

36. × 37. √ 38. × 39. × 40. √

三、汉字与书写

第一部分

41. 净 42. 管 43. 钱 44. 打 45. 暑

第二部分

46. 呆 保 47. 扌 扫 48. 青 清 49. 化 花 50. 又 对

HSK 模拟测试

汉语水平考试
HSK（三级）
样卷一

注　意

一、HSK（三级）分三部分：

　　1. 听力（40题，约35分钟）

　　2. 阅读（30题，30分钟）

　　3. 书写（10题，15分钟）

二、听力结束后，有5分钟填写答题卡。

三、全部考试约90分钟（含考生填写个人信息时间5分钟）。

中国　北京　　　　　　　　　　　　孔子学院总部/国家汉办　编制

一、听 力

第一部分

第 1—5 题

A

B

C

D

E

F

例如：男：喂，请问张经理在吗？

女：他正在开会，您半个小时以后再打，好吗？　D

1. ☐
2. ☐
3. ☐
4. ☐
5. ☐

第 6—10 题

6.
7.
8.
9.
10.

第二部分

第 11—20 题

例如：为了让自己更健康，他每天都花一个小时去锻炼身体。

    ★ 他希望自己很健康。   (√)

    今天我想早点儿回家。看了看手表，才五点。过了一会儿再看表，还是五点，我这才发现我的手表不走了。

    ★ 那块手表不是他的。   (×)

11. ★ 李老师每天骑自行车去上班。   (   )

12. ★ 他早晨经常吃面条儿。   (   )

13. ★ 她觉得红色的裙子更漂亮。   (   )

14. ★ 姐姐喜欢看篮球比赛。   (   )

15. ★ 爸爸来给我送伞了。   (   )

16. ★ 暑假我想自己去南方旅行。   (   )

17. ★ 我们和朋友一起打扫了房间。   (   )

18. ★ 昨天我的朋友过生日。   (   )

19. ★ 爸爸开车时很注意安全。   (   )

20. ★ 他每天都看这个电视节目。   (   )

第 三 部 分

第 21—30 题

例如：男：小王，帮我开一下门，好吗？谢谢！

女：没问题。您去超市了？买了这么多东西。

问：男的想让小王做什么？

        A 开门√   B 拿东西   C 去超市买东西

21.   A 学校   B 商店   C 酒店

22.   A 生病了   B 今天没上课   C 要去医院

23.   A 看比赛   B 听音乐会   C 听课

24.   A 鞋   B 裤子   C 衬衫

25.   A 跑步   B 找同学   C 跟同学说话

26.   A 接朋友   B 看电影   C 坐飞机

27.   A 游泳   B 打球   C 跑步

28.   A 生病了   B 不高兴   C 太忙了

29.   A 可以认识新朋友   B 可以读很多小说 C 可以去很多地方

30.   A 医生   B 律师   C 老师

第四部分

第 31—40 题

例如：女：晚饭做好了，准备吃饭了。

男：等一会儿，比赛还有三分钟就结束了。

女：快点儿吧，一起吃，菜冷了就不好吃了。

男：你先吃，我马上就看完了。

问：男的在做什么？

　　A 洗澡　　　　　　B 吃饭　　　　　　C 看电视 ✓

31. A 老师和学生　　　B 同学　　　　　　C 同事

32. A 听音乐　　　　　B 选课　　　　　　C 读书

33. A 穿红色的裙子　　B 穿蓝色的裙子　　C 自己决定

34. A 游泳　　　　　　B 打电话　　　　　C 踢球

35. A 饭馆　　　　　　B 商场　　　　　　C 宾馆

36. A 给男的送礼物　　B 请男的吃饭　　　C 给男的过生日

37. A 多休息　　　　　B 多吃药　　　　　C 多工作

38. A 房间很脏　　　　B 天气很好　　　　C 雨很大

39. A 看照片　　　　　B 看电影　　　　　C 看书

40. A 果汁　　　　　　B 茶　　　　　　　C 咖啡

二、阅 读

第一部分

第 41—45 题

A 昨天天气很冷,我穿的衣服太少了。

B 好吧,那我明天自己去游泳吧。

C 还没有,我现在就去写。

D 听说很有意思,但是我去的时候已经结束了。

E 当然。我们先坐公共汽车,然后换地铁。

F 对不起,没有果汁,咖啡可以吗?

例如:你知道怎么去那儿吗? （ E ）

41. 昨天的舞会怎么样? （   ）

42. 你怎么生病了? （   ）

43. 请给我一杯果汁,谢谢。 （   ）

44. 马明让我转告你,他明天不能和你去踢球了。 （   ）

45. 就要开学了,你的作业写完了吗? （   ）

第46—50题

A 你先吃饭吧，吃完饭再睡。

B 我也是，所以我想学习汉语。

C 对，我们应该少吸烟或者不吸烟。

D 我想走路去，不过爸爸让我骑自行车去。

E 别担心，她可能没听见，你过一会儿再打吧。

46. 明天你怎么去学校？　　　　　　　　　　（　　）

47. 我刚才给妈妈打电话了，可是她没接电话。（　　）

48. 今天真是太累了，我想去睡觉。　　　　　（　　）

49. 吸烟对人的身体很不好。　　　　　　　　（　　）

50. 我对中国的文化很感兴趣。　　　　　　　（　　）

第二部分

第 51—55 题

A 介绍　　B 总是　　C 遗憾　　D 或者　　E 声音　　F 开始

例如：她说话的（ E ）多好听啊！

51. 已经八点了，我们（　　）上课吧。

52. 昨天的音乐会不错，你没有听真是太（　　）了。

53. 我明天要早点儿起床，我不能（　　）迟到。

54. 今天老师让我们（　　）了一下自己的家庭。

55. 星期天的时候我常常去游泳（　　）去打球。

第 56—60 题

A 再　　B 应该　　C 然后　　D 爱好　　E 感谢　　F 见面

例如：A：你有什么（ D ）?

　　　B：我喜欢体育。

56．A：今天天气很冷，你不（　　）穿这么少。

　　B：好吧，我穿这件毛衣吧。

57．A：你看完这本书了吗？

　　B：看完了，真是太好看了，我想（　　）看一遍。

58．A：昨天你们去哪儿玩了？

　　B：我们先去看了电影，（　　）去唱歌了。

59．A：明天我们在图书馆门口（　　），怎么样？

　　B：好啊，那儿离我住的地方很近。

60．A：明天我和你一起复习吧？

　　B：真是太（　　）你了，我觉得很难，一直很担心。

第三部分

第 61—70 题

例如：您是来参加今天会议的吗？您来早了一点儿，现在才八点半。您先进来坐吧。

　　★ 会议最可能几点开始？

　　A 八点　　　　　B 八点半　　　　　C 九点√

61. 我很喜欢吃妈妈做的饭，可是她常常放很多盐，如果少放一点儿就好了。

　　★ 妈妈做的饭怎么样？

　　A 不好吃　　　　B 盐太多　　　　　C 不够吃

62. 我去年在这所中学当老师，现在不是老师了，我很想念我的学生。

　　★ 他以前是做什么的？

　　A 学生　　　　　B 校长　　　　　　C 老师

63. 已经到冬天了，天气很冷。我想买围巾，手套就不买了，因为去年买的还很好。

　　★ 她需要买什么？

　　A 帽子　　　　　B 围巾　　　　　　C 手套

64. 今年暑假我打算去参加夏令营，弟弟和他的同学计划去旅游，姐姐想去做义工，哥哥还没有想好去干什么。

　　★ 弟弟暑假打算去干什么？

　　A 做义工　　　　B 出去旅游　　　　C 还没想好

65. 有人说保护环境是国家的事,跟我们没有关系。但是我认为这跟每个人都有关系,保护环境是我们每个人应该关心的事情。

★ 关于保护环境,我认为:

A 它跟我们没有关系

B 它是国家的事

C 每个人都应该保护环境

66. 他是个篮球运动员,但因为喜欢吸烟,常常生病。后来他不吸烟了,身体就一天比一天好。

★ 他的身体一天比一天好,因为:

A 他常常打球　　　　B 他不吸烟了　　　　C 他总是去跑步

67. 最近同学们都很想出去玩,老师说如果明天不下雨,我们就去爬山,同学们都很高兴。

★ 下列说法正确的是:

A 同学们想去爬山　　　B 明天不会下雨　　　C 老师想去爬山

68. 昨天下午我跟女朋友在咖啡馆见面,刚到咖啡馆,就有人给我打电话。等我打完电话,才发现女朋友已经走了。

★ 女朋友走的原因可能是:

A 他打电话时间太长了

B 咖啡不好喝

C 女朋友不想和他见面

69. 很多中国人爱喝茶,有的人喜欢喝绿茶,有的人喜欢喝红茶,不过,现在也有些中国人喜欢喝咖啡。

★ 根据这段话,我们可以知道:

A 绿茶比红茶好喝

B 中国人都爱喝茶

C 有些中国人爱喝咖啡

70. 妈妈给我买了一双运动鞋，鞋子很漂亮，可是有点儿小，我打算去换一双大一点儿的。

★ 妈妈给我买的鞋子怎么样？

A 不好看　　　　　B 有点儿小　　　　　C 很合适

三、书写

第一部分

第71—75题

例如：小船　　上　　一　　河　　条　　有

　　　河上有一条小船。

71. 最好　　你　　去　　医生　　看一下

72. 开始　　音乐会　　就要　　马上　　了

73. 感兴趣　　对　　她　　篮球　　不

74. 帮我　　你　　请　　拿出来　　把　　书

75. 买　　水果　　需要　　我　　一点儿

第二部分

第 76—80 题

例如：没（关 guān）系，别难过，高兴点儿。

76. 这里是操场，那儿有一片绿色的（草 cǎo）地。

77. 从这儿一直（往 wǎng）前走，卫生间就在你的左边。

78. 今天中午我不想吃饺子，我想吃（面 miàn）条儿。

79. 要放假了，老师希望我们在暑假里注意（安 ān）全。

80. 这件衣服太（贵 guì）了，你还是不要买了。

汉语水平考试
HSK（三级）
样卷二

注　　意

一、HSK（三级）分三部分：

　　1. 听力（40题，约35分钟）

　　2. 阅读（30题，30分钟）

　　3. 书写（10题，15分钟）

二、听力结束后，有5分钟填写答题卡。

三、全部考试约90分钟（含考生填写个人信息时间5分钟）。

中国　北京　　　　　　　　　　孔子学院总部/国家汉办　编制

一、听 力

第一部分

第1—5题

 A

 B

 C

 D

 E

 F

例如：男：喂，请问张经理在吗？

女：他正在开会，您半个小时以后再打，好吗？ [D]

1. □
2. □
3. □
4. □
5. □

第 6—10 题

A

B

C

D

E

6. ☐
7. ☐
8. ☐
9. ☐
10. ☐

第二部分

第 11—20 题

例如：为了让自己更健康，他每天都花一个小时去锻炼身体。

  ★ 他希望自己很健康。   (√)

  今天我想早点儿回家。看了看手表，才五点。过了一会儿再看表，还是五点，我这才发现我的手表不走了。

    ★ 那块手表不是他的。   (×)

11. ★ 他对学汉语很感兴趣。   ( )

12. ★ 昨天他们一起去野餐了。   ( )

13. ★ 王先生不在公共场所吸烟。   ( )

14. ★ 他开车去学校只需要十分钟。   ( )

15. ★ 他很想看昨天的足球比赛。   ( )

16. ★ 他的爱好跟弟弟的一样。   ( )

17. ★ 他爸爸想让他当医生。   ( )

18. ★ 今天她很晚才起床。   ( )

19. ★ 他喜欢上网听音乐。   ( )

20. ★ 爸爸做的饭不好吃。   ( )

第三部分

第 21—30 题

例如：男：小王，帮我开一下门，好吗？谢谢！

女：没问题。您去超市了？买了这么多东西。

问：男的想让小王做什么？

    A 开门√   B 拿东西   C 去超市买东西

21. A 介绍自己   B 介绍李老师   C 介绍王老师

22. A 饭馆   B 车站   C 商店

23. A 没有意思   B 不难   C 很难

24. A 学习资料   B 电脑   C 手机

25. A 工作   B 踢球   C 看电影

26. A 邻居   B 同学   C 朋友

27. A 女的没上课   B 女的迟到了   C 女的成绩差

28. A 睡觉   B 吃饭   C 工作

29. A 第一次送礼物   B 不喜欢送礼物   C 以前给女的送过围巾

30. A 参加婚礼   B 试衣服   C 买鞋

第四部分

第 31—40 题

例如：女：晚饭做好了，准备吃饭了。

男：等一会儿，比赛还有三分钟就结束了。

女：快点儿吧，一起吃，菜冷了就不好吃了。

男：你先吃，我马上就看完了。

问：男的在做什么？

A 洗澡　　　　　　B 吃饭　　　　　　C 看电视 ✓

31. A 还书　　　　　　B 上课　　　　　　C 交作业

32. A 张老师　　　　　B 王老师　　　　　C 张老师和王老师

33. A 和他出去玩　　　B 帮他写作业　　　C 帮他复习

34. A 爸爸和女儿　　　B 丈夫和妻子　　　C 儿子和妈妈

35. A 看比赛　　　　　B 看电影　　　　　C 参加比赛

36. A 医生　　　　　　B 老师　　　　　　C 律师

37. A 今天　　　　　　B 明天　　　　　　C 不去了

38. A 买衣服　　　　　B 换衣服　　　　　C 休息一下

39. A 睡觉　　　　　　B 吃早饭　　　　　C 上课

40. A 今天很暖和　　　B 下了几天雨　　　C 明天要下雨

二、阅 读

第一部分

第 41—45 题

A 没关系，我还有一本。

B 我想吃面条儿，还想吃点儿水果。

C 别担心，我们一起学习吧，我可以帮你。

D 真的吗？我明年也想去。

E 当然。我们先坐公共汽车，然后换地铁。

F 谢谢，这是我昨天刚买的。

例如：你知道怎么去那儿吗？   （ E ）

41. 这是你的新电脑吧，真漂亮。   （   ）

42. 我觉得夏令营很有意思，我在那儿认识了很多朋友。（   ）

43. 你午饭想吃什么？   （   ）

44. 对不起，我把你的杂志弄丢了。   （   ）

45. 今天的作业太难了，我不知道应该怎么写。（   ）

第46—50题

A 你觉得送他一副手套怎么样?

B 好的,你想喝水还是喝果汁?

C 今天的比赛太好看了,我喜欢的足球队赢了。

D 是的,现在我觉得眼睛很不舒服。

E 好啊,我们现在就出发吧。

46. 今天天气真好,我们一起去野餐吧。　　　　　(　　)

47. 明天是我弟弟的生日,我还没想好送什么礼物呢。(　　)

48. 你下午一直都在上网聊天儿,这样对眼睛很不好。(　　)

49. 你怎么这么高兴?　　　　　　　　　　　　　(　　)

50. 我太渴了,请给我一杯喝的吧。　　　　　　　(　　)

第二部分

第51—55题

A 不过　　B 借　　C 便宜　　D 告诉　　E 声音　　F 正在

例如：她说话的（ E ）多好听啊！

51. 我想买那件衣服，（　　）我现在没有钱。

52. 我能（　　）一下你的笔吗？我找不到我的了。

53. 这件衣服又好看又（　　），我真的很喜欢。

54. 妈妈（　　）我今天她不能回家，让我自己做饭。

55. 昨天下雨的时候，我（　　）写作业。

第 56—60 题

A 特别　　B 发现　　C 决定　　D 爱好　　E 一直　　F 别

例如：A：你有什么（ D ）？

　　　B：我喜欢体育。

56．A：你昨天下午在干什么？

　　B：我（　　）都在洗衣服，真是太累了！

57．A：你最近工作忙不忙？

　　B：现在（　　）忙，连吃饭的时间都没有。

58．A：我到学校的时候才（　　）没有带书。

　　B：我有两本书，你看这一本吧。

59．A：明天你还去参加比赛吗？

　　B：我（　　）不去了，我明天必须去看一下医生。

60．A：你（　　）开车了，坐公共汽车去吧。

　　B：好的，我把车放在学校吧。

第三部分

第 61—70 题

例如：您是来参加今天会议的吗？您来早了一点儿，现在才八点半。您先进来坐吧。

★ 会议最可能几点开始？

A 八点　　　　　　B 八点半　　　　　　C 九点√

61. 我和小方约好去买衣服，我们会在商场门口见面。商场离我家有点儿远，我要早点儿出发。

★ 我为什么要早点儿出发？

A 小方家有点儿远

B 没有公共汽车

C 商场有点儿远

62. 这是你的药，每天吃三次。另外，回去要多休息，多喝水，不能喝酒。

★ 说话人最可能是做什么工作的？

A 老师　　　　　　B 医生　　　　　　C 秘书

63. 我很喜欢上网，不上课的时候我经常上网玩游戏，但是我的好朋友爱好运动，他常常让我和他一起去打网球。

★ 我的好朋友喜欢做什么？

A 上网　　　　　　B 运动　　　　　　C 玩游戏

64. 我今天上午先洗了衣服,然后打扫了一下房间,下午我弟弟还让我和他一起去踢球。今天真是太累了!

    ★ 今天下午他做什么了?

    A 打扫房间　　　　B 洗衣服　　　　C 踢球

65. 昨天我给爸爸打电话,想让他帮我买本书,可是他没有接电话。我想给他留言,却发现手机已经没电了。

    ★ 他想让爸爸做什么?

    A 打电话　　　　B 留言　　　　C 买书

66. 今天早上,我吃了两个包子,一个鸡蛋,还喝了一碗粥。我还想再吃一个面包,可是来不及了,要迟到了。

    ★ 今天早上他吃了什么?

    A 包子　　　　B 面包　　　　C 油条

67. 我爸爸以前不会做饭,后来他经常练习,现在他做的饭很好吃。

    ★ 关于爸爸,可以知道:

    A 做的饭很好吃

    B 一直不会做饭

    C 不想练习做饭

68. 昨天是我的生日,我请朋友们吃饭,后来朋友们请我去看电影,我们玩得特别高兴!

    ★ 朋友们请我做了什么?

    A 吃饭　　　　B 看电影　　　　C 打球

69. 周末我坐公共汽车去参加舞会，没想到路上有那么多车，舞会快结束的时候我才到，太遗憾了。我们大家都觉得舞会很有意思。

★ 根据这段话，可以知道：

A 公共汽车坏了

B 她参加舞会了

C 舞会没有意思

70. 妈妈，您能帮我洗一下衣服吗？我游泳游得太累了，想早点儿休息。

★ 他想让妈妈做什么？

A 洗衣服　　　　　B 休息　　　　　C 游泳

三、书 写

第一部分

第 71—75 题

例如：小船　　上　　一　　河　　条　　有

　　　河上有一条小船。

71. 知道　　我　　体育馆　　不　　哪儿　　在

72. 特别　　不是　　今天的　　考试　　难

73. 起床　　你　　早点儿　　应该

74. 两张　　我的朋友　　电影票　　送给我

75. 新衣服　　了　　把　　她　　弄脏

第二部分

第76—80题

例如：没（ 关 guān ）系，别难过，高兴点儿。

76. 这个菜看起来很好吃，我能（ 尝 cháng ）一下吗？

77. 今天我请（ 客 kè ），你们想吃什么？

78. 我最近太（ 胖 pàng ）了，我想减肥。

79. 你好，我是陈明，你（ 叫 jiào ）什么名字？

80. 我不想再喝水了，我已经喝（ 够 gòu ）了。

HSK模拟测试听力材料

HSK（三级）样卷一听力材料

（音乐，30秒，渐弱）

大家好！欢迎参加HSK（三级）考试。
大家好！欢迎参加HSK（三级）考试。
大家好！欢迎参加HSK（三级）考试。

HSK（三级）听力考试分四部分，共40题。
请大家注意，听力考试现在开始。

第一部分

一共10个题，每题听两次。

例如：男：喂，请问张经理在吗？
　　　女：他正在开会，您半个小时以后再打，好吗？

现在开始第1到5题：

1. 女：快走吧，电影就要开始了。
   男：好的，可是我找不到我的电影票了。

2. 男：从学校到你家需要多长时间？
   女：我坐公共汽车回家需要半个小时左右。

3. 男：您好，您想要点儿什么？
   女：请给我一杯咖啡，谢谢！

4. 男：你在做什么？
   女：我在上网，我想找一些资料。

5. 男：我们明天去听音乐会吧，朋友给了我两张票。
   女：太好了！我一直想去，可是买不到票。

现在开始第6到10题：

6. 男：你现在要去哪儿？

女：去找我妹妹，她让我送一本书到学校。

7. 男：你生病了，要注意多喝水，多休息。
   女：好的，谢谢您。

8. 男：你早饭吃什么了？吃饱了吗？
   女：我吃了两块面包和一个鸡蛋，喝了一杯牛奶，现在已经饱了。

9. 男：我能借一下你的手机打个电话吗？
   女：可以，给你吧。

10. 男：你穿这条裙子不是很合适。
    女：是吗？那我换一条吧。

第二部分

一共10个题，每题听两次。

例如：为了让自己更健康，他每天都花一个小时去锻炼身体。
★ 他希望自己很健康。

今天我想早点儿回家。看了看手表，才五点。过了一会儿再看表，还是五点，我这才发现我的手表不走了。
★ 那块手表不是他的。

现在开始第11题：

11. 李老师不会开车，所以她每天骑自行车去上班。
    ★ 李老师每天骑自行车去上班。

12. 我吃早饭的时候，常常吃面包、鸡蛋，再喝一杯牛奶。
    ★ 他早晨经常吃面条儿。

13. 昨天我和妈妈一起去商场买衣服，妈妈觉得我穿红色的裙子更漂亮，我觉得蓝色的更漂亮。
    ★ 她觉得红色的裙子更漂亮。

14. 我和姐姐的爱好很不一样，我非常喜欢看足球比赛，姐姐对篮球比赛很感兴趣。

★ 姐姐喜欢看篮球比赛。

15. 今天下了很大的雨，我没有带雨伞，后来爸爸开车来接我回家了。
    ★ 爸爸来给我送伞了。

16. 今年暑假的时候，我想先去饭店打工，挣一些零花钱，然后再和朋友一起去中国南方旅行。
    ★ 暑假我想自己去南方旅行。

17. 这个周末我们在朋友家里举行舞会，把朋友的房间弄脏了，后来我们和他把房间打扫干净了。
    ★ 我们和朋友一起打扫了房间。

18. 昨天是我的生日，我请朋友们吃中国菜，朋友们送给我很多礼物，真高兴啊！
    ★ 昨天我的朋友过生日。

19. 爸爸开车的时候不打电话，也不看手机，更不喝酒。
    ★ 爸爸开车时很注意安全。

20. 我非常喜欢看这个关于自然和环境的电视节目，每周我都会准时打开电视。我还在这个节目里认识了许多有趣的动物。
    ★ 他每天都看这个电视节目。

第三部分

一共 10 个题，每题听两次。

例如：男：小王，帮我开一下门，好吗？谢谢！
　　　女：没问题。您去超市了？买了这么多东西。
　　　问：男的想让小王做什么？

现在开始第 21 题：

21. 男：这是我们的教室，那是操场，我们还有游泳馆。
    女：哇，你们的校园真大，而且很漂亮。
    问：他们在哪儿？

22. 男：你昨天为什么没有来上课？
    女：我生病了。感冒、发烧，今天好多了。
    问：女的怎么了？

23. 男：音乐会有意思吗？听说有很多人都去听了。
    女：非常好听，你没去真是太遗憾了。
    问：女的去做什么了？

24. 男：你觉得这件衬衫怎么样？蓝色的这件。
    女：我觉得那件没有白色的这件好看，你还是买白色的吧。
    问：他们在买什么？

25. 男：你刚才去哪儿了？我怎么没看到你？
    女：我看到了一个同学，跟他聊了聊天儿。
    问：女的刚才去做什么了？

26. 男：明天下午我们去看电影吧！
    女：对不起，我明天得去机场接个朋友。我们改天再去吧！
    问：男的想去做什么？

27. 男：你好，这里禁止游泳，你还是去游泳馆吧。
    女：好的，请问游泳馆怎么走？
    问：女的想去做什么？

28. 男：你是不是生病了？怎么看起来这么累？
    女：最近工作很忙，我昨天很晚才睡觉，今天六点就起床了。
    问：女的怎么了？

29. 男：这本小说很有意思，我希望这个暑假我能读完。
    女：我要去参加夏令营，一定可以认识很多新朋友，太棒了！
    问：女的为什么想参加夏令营？

30. 男：你将来想做什么工作？
    女：我以前想当律师，现在想当老师，我很喜欢给别人上课。
    问：女的将来想做什么工作？

第四部分

一共 10 个题，每题听两次。

例如：女：晚饭做好了，准备吃饭了。
　　　男：等一会儿，比赛还有三分钟就结束了。
　　　女：快点儿吧，一起吃，菜冷了就不好吃了。
　　　男：你先吃，我马上就看完了。
　　　问：男的在做什么？

现在开始第 31 题：

31. 女：你是新来的学生吗？
　　 男：是的，这是我第一天来学校。
　　 女：我们这个班特别温暖，很高兴和你在一个班学习，欢迎你！
　　 男：谢谢！很高兴认识你！
　　 问：他们是什么关系？

32. 男：你想好选什么课了吗？
　　 女：还没有，我想选音乐课和数学课，不过数学课有点儿难。
　　 男：别担心，我也想选数学课，我可以帮你。
　　 女：那太好了！太谢谢你了！
　　 问：他们在讨论什么？

33. 女：明天我要参加舞会，你觉得我穿什么衣服好呢？
　　 男：穿那条红色的裙子吧。
　　 女：可是，红裙子有点儿肥。你觉得蓝色的怎么样？
　　 男：蓝色的裙子也很好看。你还是自己决定吧。
　　 问：男的希望女的怎么样？

34. 男：小李昨天下午去游泳了吗？
　　 女：他去踢球了，从两点到六点他一直在踢球。
　　 男：怪不得我们打电话他都没接。
　　 女：这是他的新爱好，他对游泳已经不感兴趣了。
　　 问：小李昨天去做什么了？

35. 女：你好，这件衬衫太小了，请帮我拿大一号的吧！
　　 男：好的，请等一下。试一下这件怎么样？
　　 女：这件很合适，这件有蓝色的吗？

男：对不起，蓝色的已经卖完了。
问：他们可能在哪儿？

36. 男：今天是你的生日吧？
    女：是啊，看，我的朋友们送给我很多礼物。
    男：祝你生日快乐！这是我送你的礼物。
    女：谢谢你！我请你吃饭吧，你想去哪儿吃饭？
    问：女的想做什么？

37. 女：你怎么了？工作是不是很累？
    男：是啊，最近我还生病了，头疼，嗓子疼。
    女：你应该休息一下，去看医生了吗？
    男：去了，医生建议我多休息，多喝水。
    问：医生建议男的做什么？

38. 男：外面下雨了，最好不要开窗户。
    女：可是我想看一看雨大不大。
    男：雨很大，开窗户会把房间弄脏的。
    女：好吧，我还是别开了。
    问：从对话可以知道什么？

39. 女：看，照片里这个人是我的哥哥，他现在在大学教书。
    男：那个人是谁？
    女：那是我的姐姐，她是一个律师。
    男：你哥哥姐姐这么优秀，你也要加油啊！
    问：他们在做什么？

40. 男：明天我们在哪儿见面呢？
    女：我们下午在咖啡馆见面吧，我请你喝咖啡。
    男：我不喜欢喝咖啡，咱们去喝茶怎么样？
    女：太好了，我最喜欢喝茶了，咱们茶馆见。
    问：他们打算喝什么？

听力考试现在结束。

HSK（三级）样卷二听力材料

（音乐，30秒，渐弱）

大家好！欢迎参加HSK（三级）考试。
大家好！欢迎参加HSK（三级）考试。
大家好！欢迎参加HSK（三级）考试。

HSK（三级）听力考试分四部分，共40题。
请大家注意，听力考试现在开始。

第一部分

一共10个题，每题听两次。
例如：男：喂，请问张经理在吗？
　　　女：他正在开会，您半个小时以后再打，好吗？

现在开始第1到5题：

1. 男：今天不用工作，你想做什么？
   女：我想去爬山，不过今天的天气不太好。

2. 男：请问，图书馆怎么走？
   女：往前一直走，左拐就到了。

3. 男：你喜欢吃中国菜吗？
   女：当然了，我觉得中国菜又便宜又好吃，我很喜欢。

4. 男：你怎么了？
   女：我感冒了，头疼，嗓子也疼，很想睡觉。

5. 男：已经十二点了，你为什么还不睡觉？
   女：明天有考试，我要复习。

现在开始第6到10题：

6. 男：这件衣服和那件衣服一样漂亮，我不知道买哪件。
   女：它们是都很漂亮，不过我觉得蓝色那件更好看。

7. 男：今天比昨天更热，我都不想出门了。
   女：我也是，我们今天别出去了，在家看电视吧。

8. 男：今天有足球比赛，我们一起去看比赛吧。
   女：可是我对足球比赛不感兴趣，我对篮球比赛感兴趣。

9. 男：要放假了，你暑假打算干什么？
   女：我不知道，也许会去饭店打工。

10. 男：你将来想干什么工作？
    女：我想当律师，我觉得当律师很有意思。

第二部分

一共10个题，每题听两次。

例如：为了让自己更健康，他每天都花一个小时去锻炼身体。
　　　★ 他希望自己很健康。

　　　今天我想早点儿回家。看了看手表，才五点。过了一会儿再看表，还是五点，我这才发现我的手表不走了。
　　　★ 那块手表不是他的。

现在开始第11题：

11. 我已经学了三年汉语了，我很喜欢学汉语，汉语很有意思，它还帮助我认识了很多朋友。
    ★ 他对学汉语很感兴趣。

12. 我们计划去野餐，可是突然下起了大雨，我们只好改变计划，一起去游泳了。
    ★ 昨天他们一起去野餐了。

13. 王先生知道吸烟对别人很不好，所以他从不在公共场所吸烟。
    ★ 王先生不在公共场所吸烟。

14. 我是一个新来的学生，我家离新学校不远，我每天骑自行车去学校，一共只需要十分钟。
    ★ 他开车去学校只需要十分钟。

15. 昨天我的朋友们去看足球比赛了，我也想去，可是我没有时间。他们说比赛非常精彩，我没有去看，真是太遗憾了。
    ★ 他很想看昨天的足球比赛。

16. 我有很多爱好，不工作的时候我喜欢听音乐、看书、看电影，还喜欢运动和旅游，我弟弟的爱好也是这些。
    ★ 他的爱好跟弟弟的一样。

17. 我妈妈是医生，虽然工作很忙，但是她很热爱这个工作。我将来也想当医生，不过爸爸建议我当律师。
    ★ 他爸爸想让他当医生。

18. 今天是星期天，不用上课，我睡到十一点才起床。今天的天气也很好，所以我决定出去跑步。
    ★ 今天他很晚才起床。

19. 我很喜欢上网，上网的时候可以和朋友聊天儿，也可以找学习资料，还可以看有趣的电影，听好听的音乐。
    ★ 他喜欢上网听音乐。

20. 我爸爸非常喜欢做饭，他做的饭特别好吃，我很喜欢。但是他最近很忙，没有时间给我做饭。
    ★ 爸爸做的饭不好吃。

第三部分

一共 10 个题，每题听两次。

例如：男：小王，帮我开一下门，好吗？谢谢！
　　　女：没问题。您去超市了？买了这么多东西。
　　　问：男的想让小王做什么？

现在开始第 21 题：

21. 男：我来介绍一下，这是新来的李老师。
    女：您好，我是王小雨，欢迎您来我们这儿。
    问：男的在做什么？

22. 男：您好，请问您需要什么？
    女：请问你们这儿什么菜最好吃？
    问：他们最有可能在哪儿？

23. 男：你在干什么？
    女：我在选课，我想选武术课，我觉得它很有意思，不过太难了。
    问：女的觉得武术课怎么样？

24. 男：我能用一下你的电脑吗？我想找一些学习资料。
    女：当然可以，不过我的电脑在王老师那儿，你去拿吧。
    问：男的想借什么？

25. 男：听朋友说这部电影很好看，我们明天一起去看吧？
    女：好啊，我一直想去看，可是工作很忙，没有时间。
    问：他们明天要去干什么？

26. 男：谢谢您帮忙照顾我家的狗！
    女：不客气！我们住得近，互相帮忙是应该的。
    问：他们可能是什么关系？

27. 男：已经上课半小时了，你怎么才来？
    女：对不起，今天起床的时候我看错时间了。
    问：男的为什么生气？

28. 男：今天已经星期五了，我们明天可以休息一下了。
    女：是啊，这几天工作太累了，明天我什么都不想做，只想晚点儿起床。
    问：女的明天最想做什么？

29. 男：亲爱的，圣诞节快乐！这是给你的礼物。
    女：谢谢，我太高兴了！不过我希望今年你送我的不会再是围巾了。
    问：关于男的，可以知道什么？

30. 男：我觉得这双鞋很漂亮，但是穿着它参加婚礼不太合适。
    女：我再拿一双其他样子的，请再试一下吧。
    问：男的在干什么？

第四部分

一共 10 个题，每题听两次。

例如：女：晚饭做好了，准备吃饭了。
　　　男：等一会儿，比赛还有三分钟就结束了。
　　　女：快点儿吧，一起吃，菜冷了就不好吃了。
　　　男：你先吃，我马上就看完了。
　　　问：男的在做什么？

现在开始第 31 题：

31. 男：你好，请问李老师在吗？
　　　女：他不在，他去上课了，你有什么事吗？
　　　男：他以前借给我一本书，我现在想把书还给他。
　　　女：你先把书放到他的桌子上吧。
　　　问：男的想做什么？

32. 男：明天的会议是张老师来还是王老师来？
　　　女：我听说是张老师来。王老师突然有急事来不了了。
　　　男：真遗憾！我一直想听王老师聊聊他的新书。
　　　女：没关系，张老师的演讲也会很精彩的。
　　　问：明天的会议谁会来？

33. 男：你明天有空儿吗？
　　　女：有啊，你想出去玩吗？
　　　男：我星期一有考试，我想让你帮我复习一下。
　　　女：好啊，没问题，明天我去找你吧。
　　　问：男的想让女的做什么？

34. 男：你在做什么？
　　　女：我在做饭呢。
　　　男：今天晚上吃什么？
　　　女：女儿说她想吃鸡蛋炒饭，你想吃什么？
　　　问：男的和女的最有可能是什么关系？

35. 男：刚才有人给你打电话了。
　　　女：是吗？他是谁？说什么了？
　　　男：他说他叫王东，他让我告诉你明天他不能和你去看比赛了。

女：好的，谢谢，我知道了。
问：女的计划去做什么？

36. 男：这是你们全家的照片吗？
    女：是的，我们家一共有五口人，我爸爸妈妈都是医生。
    男：这是谁？长得真漂亮！
    女：这是我姐姐，她在我们学校当老师。
    问：姐姐现在做什么工作？

37. 女：我们现在去超市买一些吃的东西吧。
    男：今天已经很晚了，我们还是明天再去吧。
    女：超市离这里很近，我们很快就可以回来。
    男：好吧，那我们走吧。
    问：他们什么时候去超市？

38. 男：我叔叔今天结婚，我要去参加婚礼。
    女：可是我觉得你的衣服不太合适。
    男：是吗？我回家去换一下，穿什么好呢？
    女：我觉得穿西装比较好。
    问：男的要去做什么？

39. 男：你怎么起得这么晚？马上就上课了！
    女：昨天很晚才睡，今天就起得晚。
    男：这是早饭，吃点儿吧。
    女：我不吃了，要迟到了。
    问：女的要去做什么？

40. 男：明天天气怎么样？
    女：明天是晴天，而且比今天暖和。
    男：太好了！下了几天的雨终于要停了！
    女：是啊，明天我们去爬山吧！
    问：关于天气，可以知道什么？

听力考试现在结束。

HSK模拟测试
答案

HSK（三级）样卷一答案

一、听 力

第一部分

1. F 2. E 3. A 4. C 5. B
6. E 7. B 8. D 9. C 10. A

第二部分

11. √ 12. × 13. × 14. √ 15. ×
16. × 17. √ 18. × 19. √ 20. ×

第三部分

21. A 22. A 23. B 24. C 25. C
26. B 27. A 28. C 29. A 30. C

第四部分

31. B 32. B 33. C 34. C 35. B
36. B 37. A 38. C 39. A 40. B

二、阅 读

第一部分

41. D 42. A 43. F 44. B 45. C
46. D 47. E 48. A 49. C 50. B

第二部分

51. F 52. C 53. B 54. A 55. D
56. B 57. A 58. C 59. F 60. E

第三部分

61. B 62. C 63. B 64. B 65. C
66. B 67. A 68. A 69. C 70. B

三、书 写

第一部分

71. 你最好去看一下医生。
72. 音乐会马上就要开始了。
73. 她对篮球不感兴趣。
74. 请你帮我把书拿出来。
75. 我需要买一点儿水果。

第二部分

76. 草
77. 往
78. 面
79. 安
80. 贵

HSK（三级）样卷二答案

一、听 力

第一部分

1. E	2. F	3. B	4. C	5. A
6. E	7. D	8. A	9. C	10. B

第二部分

11. √	12. ×	13. √	14. ×	15. √
16. √	17. ×	18. √	19. √	20. ×

第三部分

21. B	22. A	23. C	24. B	25. C
26. A	27. B	28. A	29. C	30. C

第四部分

31. A	32. A	33. C	34. B	35. A
36. B	37. A	38. B	39. C	40. B

二、阅 读

第一部分

41. F	42. D	43. B	44. A	45. C
46. E	47. A	48. D	49. C	50. B

第二部分

51. A	52. B	53. C	54. D	55. F
56. E	57. A	58. B	59. C	60. F

第三部分

61. C	62. B	63. B	64. C	65. C
66. A	67. A	68. B	69. B	70. A

三、书 写

第一部分

71. 我不知道体育馆在哪儿。
72. 今天的考试不是特别难。
73. 你应该早点儿起床。
74. 我的朋友送给我两张电影票。
75. 她把新衣服弄脏了。

第二部分

76. 尝
77. 客
78. 胖
79. 叫
80. 够